低空经济
数字基础设施
关键技术与规划方法

殷 鹏 朱晨鸣 唐怀坤 蒋晓虞 田 原 王江涛 周文杰◎编著

人民邮电出版社

北 京

图书在版编目（CIP）数据

低空经济数字基础设施关键技术与规划方法 / 殷鹏
等编著. -- 北京 : 人民邮电出版社，2025. -- ISBN
978-7-115-65320-8

Ⅰ．F562

中国国家版本馆 CIP 数据核字第 2024HQ9721 号

内 容 提 要

低空经济产业链长、覆盖面广，代表了新质生产力的发展方向，其深入发展是提升国家综合国力与国际竞争力的必然要求。随着低空经济业务的发展，与之相关的数字基础设施建设也面临新的挑战，需要融合移动通信、卫星、算力、数字化平台、AI、网信安全等多要素能力，构建高速泛在、智能敏捷、安全可靠的数字支撑能力。

本书介绍了低空经济的内涵、特征、现状、数字基础设施概述等，梳理了低空经济发展的理论体系，分析了低空经济规划与建设中可能遇到的一些基本问题及解决问题的基本路径。提供了对低空经济数字基础设施的规范编制、产业规划与网络规划设计等方面的思考。同时，本书分析了低空经济的发展趋势、低空业务对数字基础设施的个性化要求，围绕具体业务场景的规划、设计、建设方法等方面进行了细致而全面的阐述。

本书适合数字基础设施建设领域、低空产业的从业人员和对低空方向感兴趣的人士阅读。

♦ 编　　著　殷　鹏　朱晨鸣　唐怀坤　蒋晓虞　田　原
　　　　　　王江涛　周文杰
　　责任编辑　赵　娟
　　责任印制　马振武
♦ 人民邮电出版社出版发行　　北京市丰台区成寿寺路 11 号
　　邮编　100164　电子邮件　315@ptpress.com.cn
　　网址　https://www.ptpress.com.cn
　　固安县铭成印刷有限公司印刷
♦ 开本：800×1000　1/16
　　印张：13.5　　　　　　　　2025 年 1 月第 1 版
　　字数：286 千字　　　　　　2025 年 7 月河北第 4 次印刷

定价：99.80 元

读者服务热线：(010)53913866　印装质量热线：(010)81055316
反盗版热线：(010)81055315

在数字经济、智能经济飞速发展的时代，低空经济作为一个新兴且充满潜力的领域，正在逐步展现出其独特的魅力和巨大的商业价值。低空经济是指利用无人机、直升机、轻型飞机等低空飞行器及相关技术和服务，在距离地面一定高度范围内开展的经济活动。它涵盖了航空运输、空中游览、农业植保、环境监测、应急救援等多个领域，为传统行业带来了革命性的变革，也为新经济的发展注入了新的活力。

数字基础设施作为低空经济发展的重要支撑，其作用是不言而喻的。在数字化、智能化、网络化的时代背景下，数字基础设施不仅是低空飞行器安全、高效运行的基础，更是推动低空经济向更深层次、更广领域拓展的关键。通过构建完善的数字基础设施，我们可以实现低空飞行器的实时监控、数据传输、信息共享等功能，提升低空经济的运行效率和服务质量，进一步推动低空经济发展。然而，由于低空环境的复杂性和不确定性，数字基础设施的建设需要充分考虑各种因素，例如飞行器的性能、气象条件、空域管理和法律法规等。同时，随着低空经济的不断发展，数字基础设施也需要不断更新和完善，以满足新的需求。因此，我们需要不断探索和创新，寻求更加科学、合理、高效的低空经济数字基础设施的规划方法。

本书第一章、第二章和第三章对低空经济进行了总体介绍，包括低空经济的概念、发展历程、产业链情况、政策与法规等；第四章主要介绍了低空经济数字基础设施关键技术；第五章、第六章介绍了低空经济数字基础设施规划方法的研究，包括规划原则、规划与设计要点；第七章为低空经济数字基础设施的应用案例；第八章、第九章介绍了低空经济的挑战与对策并对其发展进行了展望。总体来看，低空经济还处于萌芽期，随着国家政策放开，各省（自治区、直辖市）大力推进低空经济，该领域未来3年将进入成长期，因此，建议行业参与者在产业萌芽阶段加强科技研发和储备，积极参与试点示范；地方政府层面要加强对低空经济数字基础设施的规范编制、产业规划与网络规划设计。

在编写本书的过程中，我们得到了众多专家、学者和从业者的支持和帮助。他们不仅为我们提供了宝贵的资料和数据，还为我们提出了许多宝贵的意见和建议。在此，我们向他们表示衷心的感谢！同时，我们也要感谢参与本书编写的周玥丹、冯小芳、黄若尘、岑大维、卢磊、肖明坤、王怡霏和人民邮电出版社的编辑，他们的辛勤付出和无私奉献使本书得以顺利完成。

低空经济作为一个新兴且不断发展的行业，其理论和实践都需要不断探索和完善。本书虽然力求全面、系统地介绍低空经济数字基础设施规划方法，但难免存在不足之处。因此，我们真诚地希望各位读者能够提出宝贵的意见和建议，共同推动低空经济数字基础设施规划方法的不断完善和发展。

最后，我们期待本书能够为低空经济的繁荣发展贡献一份力量，也期待与各位读者共同见证我国低空经济的辉煌未来！

作者

2024 年 10 月 10 日

目录 Contents

低空经济数字基础设施关键技术与规划方法

低空经济概述

第 一 章

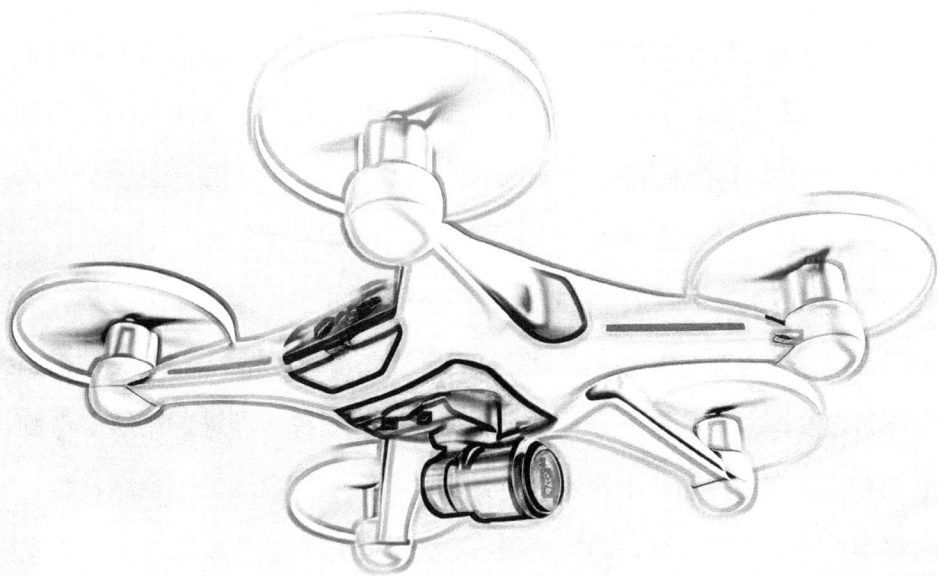

1.1 低空经济的概念

低空经济是以各种有人驾驶和无人驾驶航空器的各类低空飞行活动为牵引，带动相关领域融合发展的综合性经济形态。这种经济形态广泛体现于第一、第二和第三产业中，在促进经济发展、加强社会保障、服务国防事业等方面发挥着日益重要的作用。

从经济形态来说，低空经济的产业链上游涉及无人机电机与发动机研发、关键原材料与元器件的生产，中游涉及无人机生产与地面系统，下游涉及运营保障、基础保障和行业应用。如果把低空经济这个名词拆分开来看，"低空"这个词涵盖距离地面垂直高度 1000 米或 3000 米以内的空域（视地区特性和实际需求而定）；"经济"则综合了上下游产业、领域（制造、机场、保障服务等）的融合性经济模式，成为继数字经济之后的又一新兴经济形态。低空经济带动了制造业、服务业上下游明显转型升级，进一步优了化产业结构，提升了物流与生产效率，并产生新的商业模式，其产业链较长，还涉及特种材料、卫星通信、智能算力等尖端领域，有利于推动我国产业链发展。

在国家政策方面，最早提出低空经济的时间可以追溯到 2010 年，国务院、中央军委印发了《关于深化我国低空空域管理改革的意见》，这个文件提出深化低空空域管理改革，有利于充分开发利用低空空域资源，促进通用航空事业、航空制造业和综合交通运输体系的发展，并提出最大限度盘活低空空域资源，促进通用航空事业健康有序发展，为经济建设、国防建设和社会发展提供有力支撑的发展目标。2021 年 2 月，中共中央、国务院印发了《国家综合立体交通网规划纲要》，首次明确提出了"发展低空经济"，这具有标志性意义——低空经济正式成为交通设施发展重要部分。从组织架构方面来看，我国低空经济发展呈现出统一管理的态势。

1.2　发展历程

1.2.1　国外发展历程

国外低空经济的发展历程如图 1-1 所示。

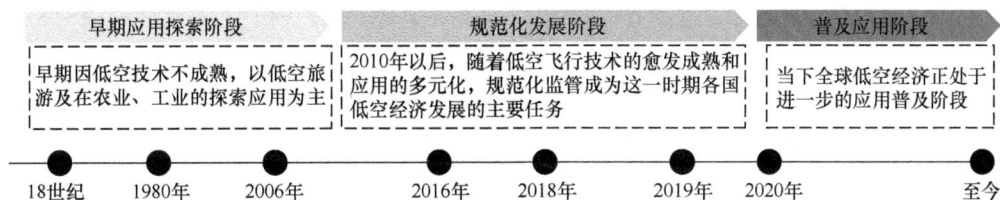

图1-1　国外低空经济的发展历程

（1）应用探索阶段：18 世纪至 2006 年

早期因低空技术不成熟，低空经济主要集中在低空旅游及农业、工业的探索应用方面。18 世纪末，热气球技术在法国试验成功，带来热气球观光热潮，成为低空经济的开端；1980 年，日本洋光公司在农业领域使用遥感直升机进行农业作业；2006 年，英国石油公司首次使用无人机进行海上油田平台监测，无人机技术在工业领域的实际应用取得了重要进展。

（2）规范化发展阶段：2007 年至 2019 年

随着低空飞行技术的愈发成熟和应用的多元化，规范化监管成为这一时期各国低空经济发展的主要任务。2016 年，美国国家航空航天局（National Aeronautics and Space Administration，NASA）与美国联邦航空管理局（Federal Aviation Administration，

FAA）合作推进美国无人机交通管理系统的建设。欧洲单一天空空中交通管理研究院提出发展 U-Space。2018 年，欧盟修订《第 2018/1139 号法规》，将管理权限扩展至所有无人机；美国签署低空飞行安全法，改善和简化无人机在低空飞行的授权过程。2019 年，欧洲航空安全局（European Aviation Safety Agency，EASA）颁布了两部无人机通用条例，进一步规范了欧洲无人机的标准和运行要求。

（3）普及应用阶段：2020 年至今

当前，全球低空经济正处于应用普及阶段。全球无人机市场快速增长，无人机投资规模由 2013 年的 1.21 亿美元增长至 2022 年的 48.06 亿美元。同时，全球通用飞机交付量也呈波动上升的趋势，2022 年全球通用飞机交付量达到 2818 架，比 2021 年增长 6.5%。亚马逊在美国部分地区使用 Prime Air 无人机送货。我国深圳地区在无人机物流领域已经进行了很多有益的探索。在普及应用阶段，低空经济的应用场景日益丰富，包括无人机物流、低空观光旅行、航空摄影服务和空中监测业务等，这些领域都成为低空经济的重要组成部分。

总的来说，全球低空经济正处于快速发展阶段，其应用场景和市场规模都在不断扩大，有望在未来成为推动经济高质量发展的新动能。

1.2.2 国外发展现状

（1）国外发展规模

随着技术的进步和政策的推动，低空经济在全球范围内快速发展。从航空运输到太空产业，人类对天空的探索从未停止，"文明的触角"不断向上延伸，在刷新人们对天空的想象力的同时，也释放了巨大的经济产业利好。如今，低空经济正在成为推动经济高质量发展的又一重要引擎，孕育上万亿元级的市场空间。受政策驱动及需求端提速的影响，低空经济规模迅速扩张。

全球各国都在积极探索和培育低空经济产业。例如，美国在低空经济领域创新力较强，这主要得益于其完善的基础设施、个性化的民用通航需求、政策支持，以及电动垂直起降飞行器（electric Vertical Take-off and Landing，eVTOL）市场的活跃投融资。其他国家（例如日本、巴西等）也在通用航空领域有着发达的产业，这些国家更加注重低空经济的交通属性，通过国家引导协调、适航创新跟进和开展试点运行等方式推动城市空中交通（Urban Air Mobility，UAM）或先进空中交通（Advanced Air Mobility，AAM）的发展。以2022年和2023年的数据为基础的全球eVTOL市场规模预测如图1-2所示。

单位：亿美元

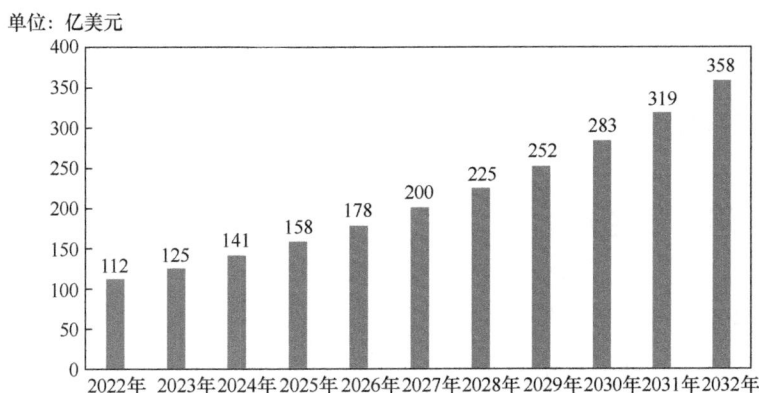

图1-2　以2022年和2023年的数据为基础的全球eVTOL市场规模预测

全球低空经济市场规模将持续扩大。罗兰贝格研究预测，到2050年，全球低空经济市场规模将超过60万亿元人民币。随着电池技术的不断进步，电动飞机的续航里程有望提升，这将进一步推动低空经济的发展。此外，适航与监管也是全球低空经济发展的关键因素之一，各国民航部门正在加速完善相关法规和标准，以确保低空飞行的安全和可持续发展。

全球低空经济发展正处于一个关键时期，随着技术的不断进步和政策的持续推动，有望在未来几年内实现更快的发展。

（2）战略意义

低空经济的发展不仅在于民用领域，还具有国防等战略意义，国防已不仅用于海陆空，还包括数字空间，而无人机就是通过人工智能、大数据、物联网、卫星通信、5G-A[1]和自组织通信等数字技术的融合应用，赋予低空经济新的战略意义。无人机技术的发展、普及率也在很大程度上决定了一个国家在无人机领域的技术实力。而这些都离不开低空经济的下游市场对产业链中游、上游的需求。

无人机在战场侦察、目标锁定和精准打击等方面具有显著优势。在低空经济发展过程中，应注重技术的深度融合和创新应用，推动相关产业的发展。战场上对无人机的探测、锁定和摧毁手段也提醒我们，在发展无人机的同时，必须加强其安全性和反制措施的研究。加强相关技术的研发和应用，确保无人机在复杂环境下的稳定运行和安全可控。

1.2.3　国内发展历程

我国低空经济的发展过程大致分为以下 3 个阶段。

（1）起步阶段：2000—2010 年

在 21 世纪初的 10 年间，中国的低空经济产业主要处于技术积累和政策的初步探索阶段。在这一时期，虽然无人机和通航产业尚未形成规模，但已有少数有远见的企业和科研机构开始在这些领域进行技术积累和初步探索。同时，一些地方政府也开始认识到低空经济的重要性，出台了一系列支持政策，为产业的后续发展奠定了基础。

（2）稳步发展阶段：2011—2020 年

进入 21 世纪的第二个 10 年，我国低空经济产业迎来了快速发展的黄金时

1　5G-A：5G-Advanced，5G网络的演进和增强版本。

期。随着国家政策的密集出台和各地政府的大力支持，无人机和通航产业迅速崛起，成为低空经济产业的重要支柱。在这一阶段，各地政府纷纷出台具体的政策措施，包括财政支持、税收优惠、土地供应等，为低空经济产业的发展提供了全方位的支持。同时，随着技术的不断进步和创新，低空经济产业也实现了快速增长。

（3）快步发展阶段：2020 年至今

① **政策环境逐步优化。**随着国家对低空经济领域的重视和政策支持力度的加大，一系列有利于低空经济发展的政策相继出台。这些政策不仅为低空经济提供了更宽松的发展环境，还为其指明了发展方向，给相关企业和个人提供了更多的发展机遇。

② **技术突破与创新。**在这个阶段，低空经济领域的技术取得了显著的突破与创新。无人机技术的飞速发展，为低空经济注入了新的活力。无人机的应用范围不断拓展，从最初的航拍、农业植保，逐渐延伸到物流、巡检、应急救援等多个领域。同时，低空通信、导航、监控等技术的不断完善，也为低空经济的安全、高效运行提供了有力保障。

③ **产业链不断完善。**随着低空经济的快速发展，相关产业链不断完善。从无人机制造、研发，到运营、服务，再到监管、培训等各个环节，都形成了较为完整的产业链。这不仅为低空经济的发展提供了有力的支撑，还促进了相关产业的协同发展。在低空经济产业链中，上游往往为原材料及零部件供应商，中游则为无人机、航空器等主机厂，下游为飞行审批、空域备案及各类应用等。除了传统的生产制造商，电信运营商也加入了产业链发展。

④ **市场规模迅速扩大。**在政策和技术的双重推动下，低空经济的市场规模迅速扩大。越来越多的企业和个人开始关注和参与低空经济领域，推动了相关产业

的快速发展。同时，低空经济在促进地方经济发展、带动地方就业等方面也发挥了积极作用。

⑤ **社会认知度提升**。随着低空经济的快速发展和广泛应用，其社会认知度也在不断提升。越来越多的人开始了解和关注低空经济领域，对其在促进经济发展、改善民生等方面的重要价值有了更深刻的认识。

⑥ **国际合作与交流加强**。在全球化的大背景下，低空经济领域的国际合作与交流也日益加强。各国在无人机技术、低空管理等方面的合作与交流不断增多，共同推动低空经济的发展。

低空经济产业

第二章

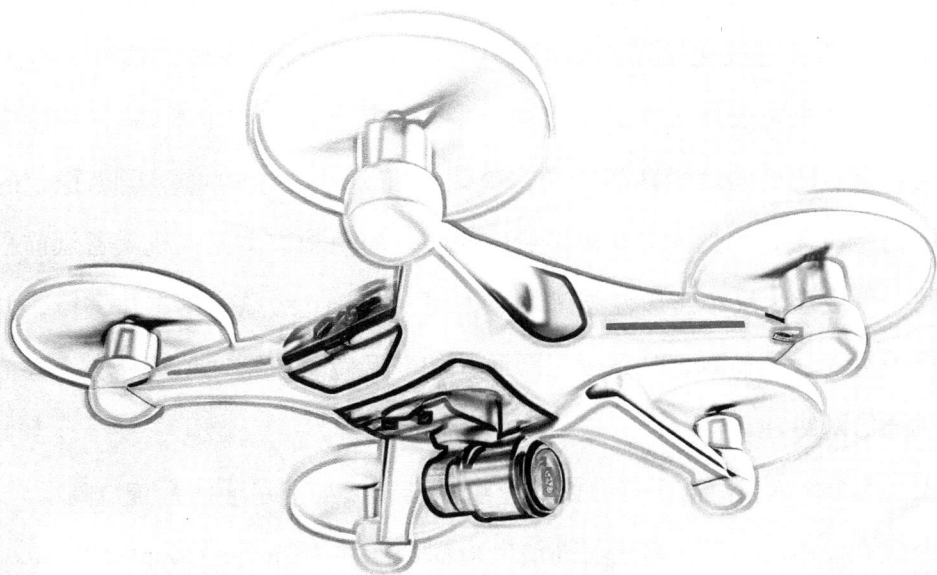

2.1 主要应用场景

（1）应急救援

在发生自然灾害或紧急事件时，低空飞行技术可以快速响应并提供救援服务。无人机可以在复杂地形环境下飞行到人类难以到达的地方，进行搜索定位、物资投放、伤员转运、灾情监测等工作，大幅提高了救援的效率。航空应急救援场景丰富，需求迫切，eVTOL或将成为该领域的有力补充。到2025年，我国航空应急救援领域整机市场规模将达到300亿元。在2023年12月发生的甘肃积石山地震中，我国多型无人机迅速驰援救灾现场，开展灾情侦察等应急救灾任务，无人机侦察到部分房屋损坏、基础设施受损、道路塌方等，将实时情况通过高清画面回传到指挥大厅，实现图像、语音、数据上下贯通及可视化指挥，使指挥中心及时掌握现场灾情的情况，全力推进救援救灾及临时安置工作。应急救灾型无人机化身"空中基站"，持续恢复任务区运营商的公网信号网络畅通，单架飞机实现了约50平方千米稳定的连续公网信号覆盖，为受灾群众提供通信保障。应急救灾型无人机具备远航程、长航时、大载重、环境适应性强等特点，可在8～10级风中常态化飞行，并完成多谱段灾害现场侦察、公网"三网通"和专网应急组网通信等任务，建立音／视频通信网络。

此类无人机具有多样化配型，可以挂载诸如卫星通信系统、高清光电载荷、合成孔径雷达、激光雷达、高清电荷耦合器件（Charge Coupled Device，CCD）相机、高光谱相机、通信中继设备等，同时具备拆装方便，以及进行海、陆、空运输等特点，可根据任务需要迅速完成转场部署。

（2）载人通行

百度地图联合北京交通发展研究院、清华大学数据科学研究院交通大数据研究中心等发布了《2023年度中国城市交通报告》，该报告显示2023年全国百城中有86%的城市通勤高峰交通拥堵指数比2022年有所上升，北京通勤高峰拥堵指数显著上升，超过重庆成为通勤高峰出行最堵的城市。广州则在周末出行时拥堵比较严重，其周末拥堵指数同比猛增19.59%。城市交通拥堵也是全球面临的共同课题，根本原因是城市人口规模超负荷增长后城市的交通体系没有发生变化，大多数依然采用的是地面交通方式，而非立体交通方式，而低空经济载人通行技术可以大幅缓解这个问题。

度假村、城市豪华酒店、高级公寓大楼、高端写字楼、三甲医院一般会在楼顶配置直升机停机坪，这样能够显著提高救治效率。如果要大量普及直升机，必须建设更多的配套措施，采用eVTOL，可在一定程度上降低运营。

低空经济通过载人飞行器提供快速、高效的点对点交通服务，这种服务可以避开拥堵的地面交通，大幅缩短出行时间，平均速率为100千米／小时，对于市区点对点通勤距离对于市工贸点对点通勤距离10千米的场景，目前一线城市平均交通时长在40分钟，未来采用eVTOL方式只需要5～6分钟。无人驾驶的载人航空器所有核心部件都有备份设计，保证飞行器具备充分的安全性。

载人通行可以充分发挥立体交通的价值，但前提是要建设大量、简单实用的停机坪。这对城市规划、建筑设计提出了新的要求，如果城市规划过程中要配套停机坪，那么建筑设计中要留出楼顶停机坪的位置。

▌案例：低空经济飞行成本

2024年4月2日，eVTOL 企业上海沃兰特航空技术有限责任公司合伙人黄小飞介绍，他们最近至少接触了200家外地的政府平台或机构，接待了200～300个一二级市场的调研，已获得意向订单700余架，争取在2026年取证。目前，eVTOL 空中飞行20千米需要5分钟，成本为60元。随着供应链的成熟，这个成本还有40%左右的下降空间，这样的成本结构未来可使 eVTOL 飞入寻常百姓家。

2024年4月7日，中国民用航空局在广州正式向亿航智能颁发 EH216-S 无人驾驶载人航空器系统生产许可证（Production Certificate，PC），这是全球 eVTOL 行业的首张生产许可证。其还获得了型号合格证（Type Certificate，TC）（设计许可）及标准适航证（Standard Airworthiness Certificate，AC）（适航许可）。亿航智能集齐的三证不仅代表其可以开展规模化的商业生产，而且开启了我国低空经济产业的规模商业化。

（3）物流配送

物流配送是目前商业应用最广泛的场景之一，多家物流公司纷纷布局无人机物流领域，部分外卖平台也在尝试使用无人机配送。支线末线物流迎来蓬勃发展期，利用无人机进行快速、高效的物流配送，可以应用于城市快递、急救物资运输、特殊场景下的紧急救援等领域，提高物流效率并降低运输成本。《通用航空装备创新应用实施方案（2024—2030年）》提出大力发展低空支线末线物流，推动大型无人机支线物流连线组网，在长三角、粤港澳、川渝等地区开展无人机城际支线运输及末端配送示范。低空物流是支线末线场景的优解之一，具有短期可盈利的商业潜力，发展前景明朗。低空物流如图2-1所示。

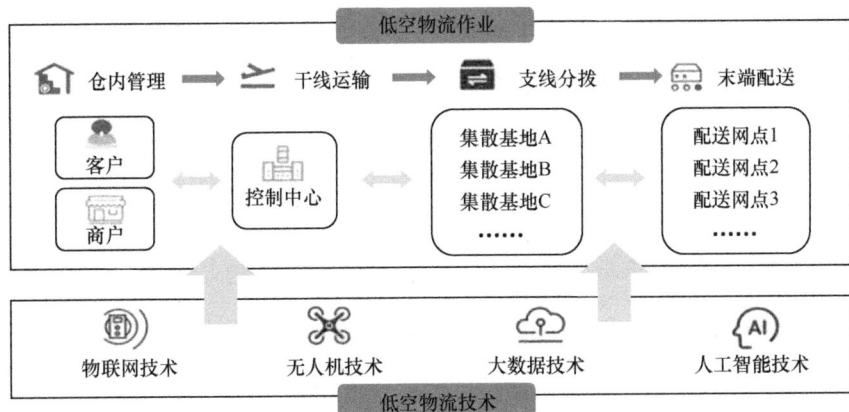

图2-1 低空物流

有机构预测，同城即时配送市场将是无人机技术规模最大的商业应用场景，未来将超过万亿元级规模。

（4）农业生产

借助无人机技术进行农业植保，可以通过空中喷洒农药、施肥、播种等方式，快速完成农作物的保护和管理工作。植保无人机具有覆盖面广、工作效率高、操作灵活等优势，可以有效提高农作物的产量和质量，减少农药的使用量，减少农业生产对环境的影响。"低空经济 + 农业"的重要载体是植保无人机，主要体现在农业植保和农业检测两个方面，应用于播种、施肥灭虫、植保、人工促雨或扑火等场景。"低空经济 + 农业"有利于提升精细化生产和管理，对农业和农村经济的可持续发展起到重要的推动作用。

（5）城市管理

借助低空飞行技术，可以实现城市环境监测、城市交通管理等。无人机环境监测可以通过载荷设备搭载各种传感器，对大面积、复杂环境进行高效监测，为环境保护和治理提供科学依据。无人机在应急救援、城市安防、电力巡检、国土测绘、消防、应急等场景展现出广泛的应用前景。无人机城市管理不断扩大城市管理的边界，提升城市管理的效率，全方位保障城市运行的安全。

利用无人机进行建筑物的检测与维护工作。无人机可以直接飞行到建筑物的高处，对外墙、管道、天线等部件进行检测，大幅提高了工作效率和安全性。

低空经济也涉及航空消费领域，例如航空体验、飞行培训、私人飞机租赁等，为消费者提供更多元化的航空服务，包括智慧旅游、航拍经济、空中竞技、数字消费、飞行培训、空中游览、私人飞行、航空运动等。低空旅游是低空经济最具魅力和潜力的消费市场之一，通过直升机、观光热气球、滑翔伞等低空飞行器，游客从空中领略壮丽山川、城市风光、人文景观的独特魅力。"低空＋旅游"作为面向消费者落地较快的应用场景，处于市场爆发的前期。eVTOL 凭借低成本运营优势，有望替代直升机、滑翔机和热气球等航空器，成为低空游览的主力。根据测算，未来 5 年，低空旅游的市场总规模约为 320 亿元。低空经济在航空消费领域的应用如图 2-2 所示。

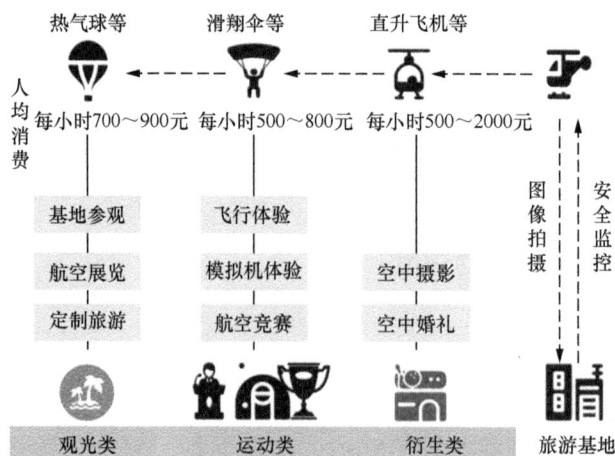

图2-2　低空经济在航空消费领域的应用

① **电力巡检**。与传统的巡检方式相比，无人机电力巡检能够快速、高效地巡检电网，替代部分人力，还可以显著提高电力巡检的效率和准确率，为基层电力工作者减负，并提供更加完善、更加安全的巡检方案。

② **航空运动**。航空运动包括飞行运动、航空模型运动、跳伞运动、热气球运动和滑翔运动等。我国已具备提供航空运动产品和服务的基本经济条件，建成并命名航空飞行营地超过 400 家，航空运动俱乐部超过 1000 家，航空运动开展地域和消费人群覆盖面不断扩大。航空运动产业已初步形成以服务业为引领，航空运动器材装备制造与销售、航空运动参与竞赛表演、航空运动中介与培训等协调发展的业态体系，并呈现出与科技、旅游、教育、健康、文化等相关产业融合发展的态势。

③ **飞行培训**。在低空经济教育培训产业中，不仅有传统的航空院校和培训机构，还涌现出一批专注于低空经济领域的教育培训企业、私人飞行俱乐部等。这些企业和机构通过提供专业化的培训课程和服务，为低空经济领域相关专业细分市场输送了大量的人才。在传统面对面培训模式的基础上，低空经济教育培训产业也在不断探索和创新培训模式。例如，利用虚拟现实（Virtual Reality，VR）技术进行模拟飞行训练，通过网络平台进行远程教学等。这些创新模式不仅提高了低空经济教育培训的效率和效果，也为学员提供了更加便捷和灵活的学习方式。低空经济应用如图 2-3 所示。

总之，低空经济的应用场景丰富多样，广泛融合智能制造、智慧交通、数字经济和信息消费等新业态，辐射警用、民用等领域，以及农业、工业、服务业等行业。随着技术的不断进步和应用的不断拓展，低空经济将在更多领域发挥重要的作用。

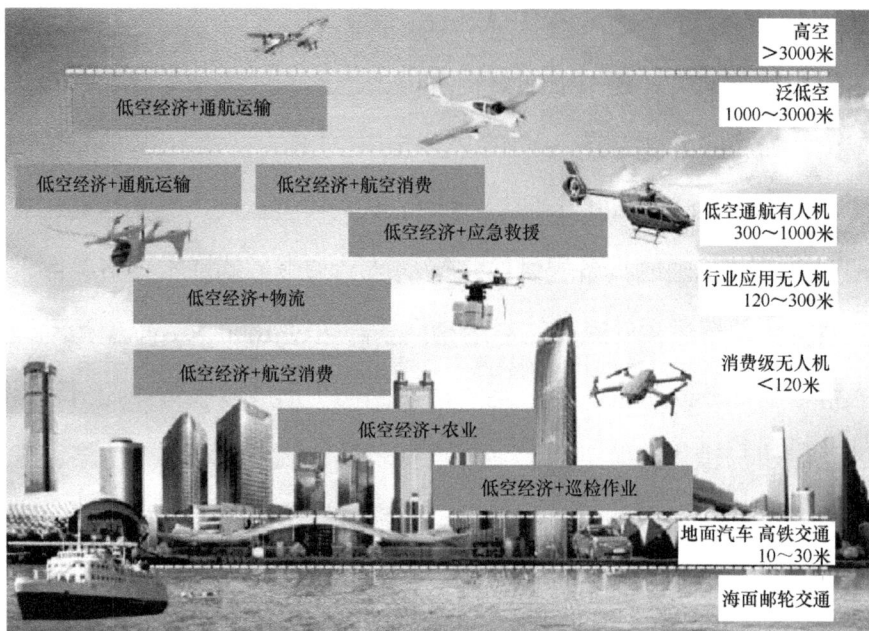

图2-3　低空经济应用

2.2　低空经济产业链

从市场规模来看，我国低空经济规模持续扩大。数据显示，2023 年我国低空经济规模达到 5059.5 亿元，增速高达 33.8%。截至 2023 年年底，我国通航企业达 689 家，在册通用航空器 3173 架，通用机场 451 个，2023 年作业飞行 135.7 万小时，近 3 年年均增速达到 12%，无人机设计单位约有 2000 家，运营企业接近 20000 家，国内注册无人机 126.7 万架，同比增长 32.2%，飞行 2311 万小时，同比增长 11.8%。根据中国民用航空局数据，到 2025 年，我国低空经济的市场规模将达到 1.5 万亿元，到 2035 年有望达到 3.5 万亿元。预计到 2026 年，我国低空经济的市场规模有望突破万亿元大关，达到 10644.6 亿元。这表明我国低空经济的市场正处于快速增长阶段，未来发展潜力巨大。低空经济的市场规模及预测如图 2-4 所示。

单位：亿元

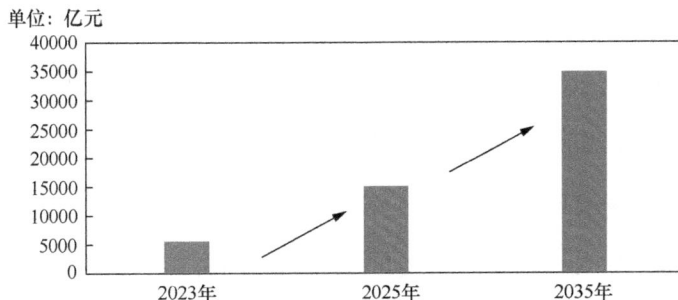

图2-4 低空经济的市场规模及预测

（1）产业链

从上游制造到下游保障，从技术突破到岗位创造，从公共服务到消费刺激，低空经济产业链构成丰富、科技含量高、吸纳就业多、上下游带动效应明显。

中上游与航空器制造产业相似度高，得益于我国先进的航空工业基础，低空行业应用需求有望拉动中上游的发展。低空经济行业应用符合国家创新驱动发展战略，引领各地产业转型升级，力争在全球新兴产业中抢得先机。低空经济产业链如图2-5所示。

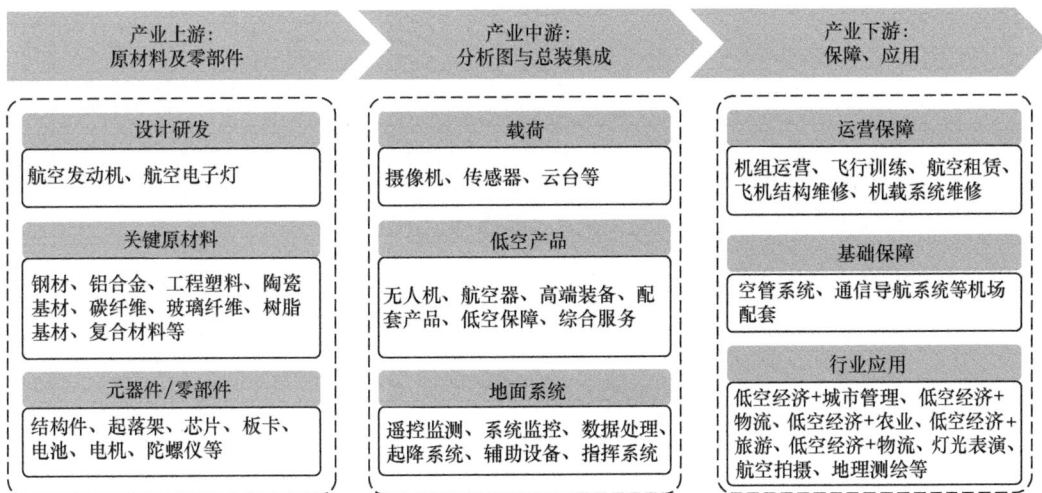

图2-5 低空经济产业链

国际电信联盟（International Telecommunications Union，ITU）已将通信感知一体化（Integrated Sensing and Communication，ISAC）技术列为未来网络的三大新场景之一，杭州形成全国最大规模通信感知一体应用示范区，5G-A 通感一体基站建设加速有望解决低空经济的问题，实现不同高度的广泛应用。全球峰飞航空科技正式向日本的 AAM 交付首架 eVTOL——盛世龙，这是全球首架民用吨级 eVTOL。

（2）纵向产业链

低空经济主要分为低空基础设施、低空飞行器制造、低空运营服务和低空飞行保障 4 个板块。其中，低空基础设施包括地面保障基础设施和低空新型基础设施；低空飞行器制造包括材料及元器件和关键系统及零部件；低空运营服务包括运营场景和飞行服务；低空飞行保障包括起降场保障、空中保障服务、适航审定、检测检验服务等。

低空经济相关政策与法规

第 三 章

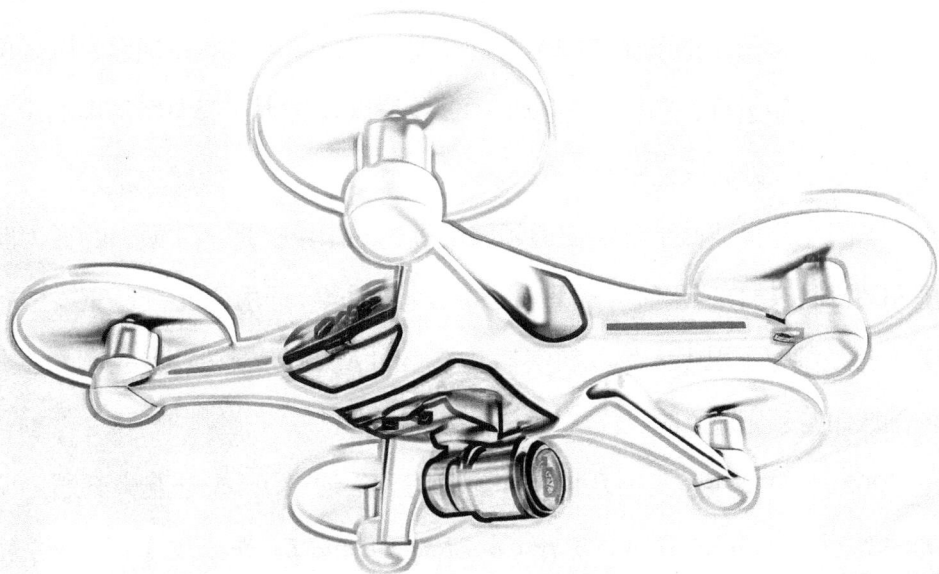

3.1 国外政策与法规分析

随着低空经济的蓬勃发展，各国政府对于低空经济数字基础设施的政策与法规制定日益重视。这些政策与法规不仅为低空经济提供了发展框架，也为数字基础设施的建设与运营提供了指导和规范。本节将对国外的低空经济数字基础设施政策与法规进行深入分析，以期为我国低空经济数字基础设施的规划与发展提供参考。

3.1.1 国际低空经济数字基础设施政策概览

（1）美国

美国在低空经济领域处于领先地位，其政策主要聚焦于无人机商业应用的开放与监管。美国制定了详细的无人机注册、飞行许可和操作规程，以确保无人机的安全、有序运行；美国积极推动 5G、物联网等技术在低空经济中的应用，以促进数字基础设施的快速发展。

美国作为全球城市空中交通领域最领先的国家，是全球最大的通用航空消费国和飞机制造国，通用航空器保有量约占全球一半，通用飞机制造占据主导。目前，美国已经制定了以无人驾驶航空器为核心的 AAM 愿景和发展战略，并提出了在该领域保持领先地位的建议。

2021—2022 年，美国众议院和参议院先后通过了《先进空中交通协调及领导力法案》（*Advanced Air Mobility Coordination and Leadership Act*），该法案指示美国交通部建立一个 AAM 机构间工作组，以协调与、基础设施、人身安全、网络安全和联邦投资有关的工作，加强美国的 AAM 生态系统，特别是载客 AAM 飞机产品。

继 2020 年的 UAM ConOps Version 1.0 之后，2023 年 5 月，FAA 又发布了最新的空域和程序变更蓝图——《城市空中交通（VAM）运行概念 2.0》[*Urban Air Mobility（UAM）Concept of Operations 2.0*]，以适应未来的空中出租车和其他 AAM 运营。运营蓝图是关键的一步，同时对飞机和飞行员进行认证，以安全地迎接和支持下一个航空时代。它旨在为 FAA、NASA 和工业界提供一个共同的参考框架，以指导开展研究和决策。

根据该蓝图，AAM 初始阶段运行速度较低，飞行速度与当前正在运营的直升机非常相似。飞行员将使用现有的路线和基础设施，例如直升机停机坪和早期的垂直起降机场，并在需要时与空中交通管制员沟通。随着运营数量的增加，空中出租车将在主要机场和市中心垂直起降机场之间的走廊上飞行。走廊的复杂性将随着时间的推移而增加，实现从单向路径到服务于双向飞行的多个飞机流的路线。随着时间的流逝，这些走廊可以连接垂直起降机场之间越来越多的路线。

2023 年 7 月，FAA 发布《先进空中交通规划》（*Planning for Advanced Air Mobility*），这份报告深入研究了这种新兴交通方式的复杂性。在此过程中，该报告旨在为规划者、政策制定者、行业领导者和公众提供有价值的见解，为战略决策提供信息，促进各方合作，并指导先进空中机动性的发展。该报告就 2028 年美国将如何部署城市和先进空中交通服务提出了相关意见，即 Innovate28（I28）时间表。该文件指出，2025—2028 年，初始 AAM 运营将主要使用现有的机场和直升机场（根据需要进行修改以满足 FAA 的垂直起降机场设计的临时指南）。

（2）欧洲

欧洲各国在低空经济数字基础设施政策上呈现出多元化特点。一些国家强调无人机监管的严格性，例如德国、英国等，要求无人机进行注册并遵守严格的飞行规定。而另一些国家则更关注无人机技术创新和市场应用，例如法国、荷兰等，它们积极推动无人机在物流、农业等领域的商业化应用。此外，欧洲各国还加强了跨国合作，共同推动低空经济数字基础设施的互联互通。

① **空中交通流量管理**。欧洲空中交通流量管理系统的组织结构已经演变为较为统一的管理模式，这为低空经济的发展提供了有效的空中交通管理支持。

② **"数字天空"项目**。欧洲通过 SESAR 项目致力于开发新一代空中交通管理系统，这将大幅提升空域运行的容量和安全性能，降低航空公司的运行成本，减少航空运输对环境的影响。

③ **数字化转型**。欧洲积极布局数字化转型，利用人工智能和大数据等技术优势，为低空经济的智能化管理提供支持。

④ **安全和安保关注**。欧洲关注航空业的安全、安保和弹性，确保航空业能够抵御现实和网络世界中的风险、威胁和破坏性事件。

欧洲的 U-space 计划旨在将无人机应用于城市交通，针对 UAM 系统进行设计与规划，为低空经济的无人机应用提供了系统化支持。

2023 年，EASA 发布了全球首个评估空中出租车产生噪声的提案，旨在解决社会对这种新型城市交通方式最关心的问题，其中环境保护技术规范文件定义了统一的噪声评估标准，用于对 eVTOL 的型号认证，目的是保护环境，并防止噪声对人类健康造成重大影响。此外，EASA 还制定了悬停噪声评估标准，以帮助对垂直机场附近（即这些飞机起飞和降落的地方）进行噪声评估，允许最大噪声水平与国际民航组织的最新重型直升机限制相同。

（3）亚洲

亚洲国家在低空经济数字基础设施政策上呈现快速发展的态势。以中国为例，中国高度重视低空经济的发展，制定了一系列政策推动无人机、通用航空等创新与发展。例如,《无人驾驶航空器飞行管理暂行条例》于 2024 年 1 月 1 日起正式实施,要求民用无人驾驶航空器所有人依法进行实名登记。再如日本、韩国等亚洲其他国家也在积极探索低空经济数字基础设施的建设与运营模式。

3.1.2　国际低空经济数字基础设施法规分析

（1）无人机法规

无人机作为低空经济的重要组成部分，其法规制定对于低空经济数字基础设施的建设具有重要影响。各国在无人机法规上存在差异，但普遍关注无人机注册、飞行许可、操作规程及安全责任等方面的问题。这方面的法规为无人机在低空经济中的安全、有序运行提供了保障。

（2）数据保护与隐私法规

随着低空经济数字基础设施的建设与运营，数据保护与隐私法规的重要性日益凸显。各国纷纷制定相关法规，要求企业在收集、存储、传输和使用用户数据时遵守相关法规，确保用户数据的安全和隐私。这些法规对于保障低空经济数字基础设施的数据安全具有重要意义。

（3）网络安全法规

网络安全是低空经济数字基础设施建设的重要保障。虽然各国在网络安全法规的制定上有所不同，但普遍要求企业加强网络安全防护，确保低空经济数字基础设施的稳定运行。这些法规对于防范发生黑客攻击、数据泄露等安全事件具有重要意义。

通过分析低空经济数字基础设施的政策与法规，可以发现各国在政策制定上存在差异但又有共性。为了促进我国低空经济数字基础设施的发展，本书提出以下建议。

借鉴国际先进经验，结合我国实际情况，制定符合我国国情的低空经济数字基础设施政策与法规。

加强国际交流与合作，推动低空经济数字基础设施的互联互通和共同发展。

注重技术创新和市场应用，推动无人机、5G、物联网等技术在低空经济中的应用与发展。

加强数据保护与网络安全防护，确保低空经济数字基础设施的数据安全和网络安全。

3.2　国内政策与法规分析

随着低空经济的快速崛起，我国对于低空经济数字基础设施的政策与法规制定也逐步成熟。这些政策与法规不仅为低空经济的健康发展提供了有力保障，也为数字基础设施的建设与运营提供了明确的指导。本节将深入分析我国低空经济数字基础设施政策与法规的现状。

3.2.1　政策概况

中央密集出台低空经济政策，产业定位不断提升。 近年来，我国政府对低空经济的发展给予了高度重视，并出台了一系列相关政策推动其快速发展。

2021 年 2 月，中共中央、国务院印发了《国家综合立体交通网规划纲要》，其中提出，"发展交通运输平台经济、枢纽经济、通道经济、低空经济"，首次将"低空经济"写入国家规划。

2023 年，中国民用航空局发布了《国家空域基础分类方法》，将空域划分为 A、B、C、D、E、G、W 7 类，其中，A、B、C、D、E 5 类为管制空域，G、W 两类为非管制空域，这标志着低空经济产业发展进一步规范化。空域划分类型如图 3-1 所示。

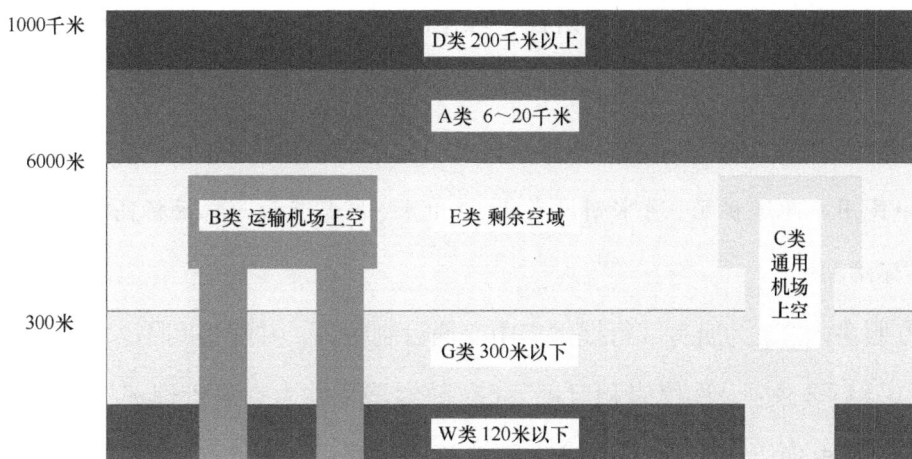

图3-1　空域划分类型

（1）A类空域

① 划设地域及范围：通常为标准气压高度6千米（含）至标准气压高度20千米（含）。

② 服务内容：为所有飞行提供空中交通管制服务，并配备间隔。

③ 飞行要求：通常仅允许仪表飞行；航空器和空中交通管理部门之间必须保持双向无线电通信；航空器必须安装二次雷达应答机（同等性能的监视设备）；飞行计划经过审批，航空器进入前须获得空中交通管理部门许可；航空器驾驶员应具备仪表飞行能力及相应资质。

（2）B类空域

① 划设地域及范围：划设在民用运输机场上空。

• 民用三跑道（含）以上机场，通常划设半径20千米、40千米、60千米的3环阶梯结构，高度分别为跑道道面—机场标高900米（含）、机场标高900米—机场标高1800米（含）、机场标高1800米—标准气压高度6000米。

•民用双跑道机场，通常划设半径15千米、30千米的2环阶梯结构，高度分别为跑道道面—机场标高600米（含）、机场标高600米—机场标高3600米（含），顶层最高至A类空域下限。

•民用单跑道机场，通常划设半径12千米、跑道道面—机场标高600米（含）的单环结构。

② 服务内容：为所有飞行提供空中交通管制服务，并配备间隔。

③ 飞行要求：允许仪表和目视飞行；航空器和空中交通管理部门之间必须保持双向无线电通信；航空器必须安装二次雷达应答机（同等性能的监视设备）；飞行计划经过审批，航空器进入前须获得空中交通管理部门许可；航空器驾驶员应具备仪表或目视飞行能力及相应资质。

（3）C类空域

① 划设地域及范围：划设在建有塔台的通用航空机场上空，通常为半径5千米、跑道道面—机场标高600米（含）的单环结构。

② 服务内容：为所有飞行提供空中交通管制服务。为仪表和仪表、仪表和目视飞行之间配备间隔；为目视和目视飞行之间提供交通信息，并根据要求提供交通避让建议。

③ 飞行要求：允许仪表和目视飞行；平均海平面高度在3000米，目视飞行指示空速不大于450千米/小时；航空器和空中交通管理部门之间必须保持双向无线电通信；航空器必须安装二次雷达应答机或其他可被监视的设备；飞行计划经过审批，航空器进入前须获得空中交通管理部门许可；航空器驾驶员应具备仪表或目视飞行能力及相应资质。

（4）D类或E类空域

① 划设地域及范围：标准气压高度高于200千米为D类空域；A、B、C、G类空域外，可根据运行需求和安全要求选择划设为D类或E类空域。

② 服务内容：D 类空域为所有飞行提供空中交通管制服务。具体来说，为仪表和仪表飞行之间配备间隔，为仪表飞行提供关于目视飞行的交通信息，并根据要求提供交通避让建议；为目视飞行提供关于仪表和目视飞行的交通信息，并根据要求提供交通避让建议。E 类空域仅为仪表飞行提供空中交通管制服务。具体来说，为仪表和仪表飞行之间设置间隔，为仪表飞行尽可能提供关于目视飞行的交通信息；为目视飞行尽可能提供关于仪表和目视飞行的交通信息。

③ 共性飞行要求：允许仪表和目视飞行；平均海平面高度在 3000 米，指示空速不大于 450 千米 / 小时；航空器在平均海平面高度 3000 米飞行必须安装二次雷达应答机（同等性能的监视设备），平均海平面高度低于 3000 米安装其他可以被监视的设备；必须报备飞行计划；航空器驾驶员应具备仪表或目视飞行能力及相应资质。

④ 特殊飞行要求：D 类空域：仪表、目视飞行的航空器进入前均须获得空中交通管理部门许可，并保持双向无线电通信。E 类空域：仪表飞行的航空器进入前须获得空中交通管理部门许可，并保持双向无线电通信；目视飞行的航空器不需要空中交通管理部门许可，但进入前必须报告，并在规定通信频率上保持收听。

（5）G 类空域

① 划设地域及范围：B 类、C 类空域以外真高 300 米以下空域（W 类空域除外）；平均海平面高度低于 6000 米、对民航公共运输飞行无影响的空域。

② 服务内容：仅提供飞行信息服务，不提供空中交通管制服务。

③ 飞行要求：允许仪表和目视飞行；平均海平面高度在 3000 米，指示空速不大于 450 千米 / 小时；仪表飞行的航空器和空中交通管理部门之间必须保持双向无线电通信，目视飞行在规定通信频率上保持守听；航空器必须安装或携带可被监视的设备；必须报备飞行计划；航空器驾驶员应具备仪表或目视飞行能力及

相应资质。

（6）W 类空域

① 划设地域及范围：G 类空域内真高 120 米以下的部分空域。

② 飞行要求：微型、轻型、小型无人驾驶航空器飞行；飞行过程中应当广播式自动发送识别信息；小型无人驾驶航空器操控员应取得操控员执照。

（7）有关要求

· A、B、C、D、E 类空域应当实现通信和监视覆盖，G 类空域应当实现监视覆盖。

· 经空中交通管理部门特别批准，航空器可按照目视飞行规则在 A 类空域飞行，以及超过限制速度在 C、D、E、G 类空域飞行。

· 当难以满足飞行要求时，航空用户可申请划设隔离空域并对外公布。

· B、C 类空域范围可根据实际情况进行调整，可描述为不规则的多边形。

· A、B、C、D、E、G 类空域明确的飞行要求适用有人驾驶航空器，无人驾驶航空器进入应按照《无人驾驶航空器飞行管理暂行条例》的明确要求执行。

各类空域目视飞行气象条件：平均海平面高度在 3000 米，能见度不小于 8000 米、距云水平距离不小于 1500 米、垂直距离不小于 300 米；当平均海平面高度 900 米或真高 300 米两者取较高值至平均海平面高度 3000 米时，能见度不小于 5000 米、距云水平距离不小于 1500 米、垂直距离不小于 300 米；当平均海平面高度 900 米或真高 300 米以下两者取较高值时，能见度不小于 5000 米、云外飞行。特殊任务类飞行，按照起降机场开放条件和执飞机组起降标准执行。

2023 年年底中央经济工作会议把低空经济列为战略性新兴产业，着力将其打造为国民经济的新质增长点。低空产业装备涉及大量传统行业与前沿技术产业，具有产业链长、科技含量高、创新要素集中等特点，能创造大量高附加值就业岗位，能显著提升国民经济发展质量。中央经济工作会议提出：打造生物制造、商业航天、低空经济等若干战略性新兴产业；要加快 5G、物联网、云计算等新型数字基础设施的建设，为低空经济提供强大的技术支撑。

2024 年 3 月，低空经济首次被写入政府工作报告，再次凸显了其在国家经济发展中的重要地位，各地政府纷纷出台政策，大力推动低空经济的发展。

2024 年 3 月 27 日，工业和信息化部、科学技术部、财政部、中国民用航空局四部门联合印发《通用航空装备创新应用实施方案（2024—2030 年）》，提出到 2030 年通用航空装备全面融入人民生产生活各个领域，成为低空经济增长的强大推动力，形成万亿级市场规模；支持智慧空中出行（SAM）装备发展，推动电动垂直起降飞行器（eVTOL）等一批新型消费通用航空装备适航取证；在长三角、粤港澳、成渝、江西、湖南、陕西等重点地区打造新型通用航空装备先进制造业集群，实现通用航空与地方经济深度融合。并指出到 2030 年，以高端化、智能化、绿色化为特征的通用航空产业发展新模式基本建立，支撑和保障"短途运输 + 电动垂直起降"客运网络、"干—支—末"无人机配送网络、满足工农作业需求的低空生产作业网络安全高效运行，通用航空装备全面融入人民生产生活各个领域，成为低空经济增长的强大推动力，形成万亿级市场规模。

地方政府响应中央号召，大力支持低空经济发展。2024 年 1 月，继中央经济工作会议将低空经济列为战略性新兴产业后，各地方政府部门积极响应中央号召，在地方政府工作报告中提出要发展低空经济的战略规划，低空经济具备产业链长、科技含量高、创新要素集中等特点，面对这个万亿级别的潜力蓝海，不少城市都开始抢抓风口，剑指"低空之城"。

在基础设施建设方面，低空经济的发展需要大量的基础设施支持，包括机场、起降点、维修站、无人机管理系统等，初期投资成本高。在产品设计制造方面，无人机技术、eVTOL 等新型低空经济载体的研发需要大量的研究与开发投入，且存在失败的风险。在运营成本方面，低空交通工具的维护、能源消耗、空中交通管理等均需要持续的运营成本，对于初期尚未形成规模经济的项目来说负担过重。这些问题都需要政策的支持。

本书详细梳理了各地方政府工作报告中对低空经济的展望，当前各地方政府对低空经济的支持细则主要在 3 个方面：发展基础设施建设，例如通航机场、起降平台等；拓宽下游应用场景，例如航线拓展等；推动企业 / 项目落地等。

2024 年一些地方政府工作报告对低空经济的表述见表 3-1。

表3-1　2024年一些地方政府工作报告对低空经济的表述

省（自治区、直辖市）	低空经济
湖南省	用好全域低空空域管理改革成果，发展壮大低空经济……培育户外旅居露营、低空飞行、康养、演艺等体验式文旅新业态
广东省	发展低空经济，创新城市空运、应急救援、物流运输等应用场景，加快建设低空无人感知产业体系，推进低空飞行服务保障体系建设，支持深圳、广州、珠海建设通用航空产业综合示范区，办好第十五届中国国际航空航天博览会，打造大湾区低空经济产业高地
四川省	加快发展低空经济，支持有人机无人机、军用民用、国企民企一起上，支持成都、自贡等做大无人机产业集群，布局发展电动垂直起降飞行器
安徽省	加快合肥、芜湖低空经济产业高地建设，拓展低空产品和服务应用场景
吉林省	全产业链发展卫星制造及数据处理、无人机制造及低空服务产业，支持长光卫星等企业开展低成本批量化卫星研发制造，支持"吉林一号"卫星加快发展
辽宁省	着力推进新材料、航空航天、低空经济、机器人、生物医药和医疗装备、新能源汽车、集成电路装备等战略性新兴产业融合集群发展
北京市	促进新能源、新材料、商业航天、低空经济等战略性新兴产业发展
重庆市	实施未来产业和高成长性产业发展行动，推动卫星互联网产业园区建设，深化北斗规模应用及配套产业发展，加快开辟低空经济、生物制造等新领域新赛道，不断塑造发展新动能新优势
山东省	围绕新一代信息技术、高端装备、新能源、新材料、现代医药、绿色环保、新能源汽车、安全应急装备、商业航天、低空经济等领域，新培育 10 个左右省级新兴产业集群

省(自治区、直辖市)	低空经济
山西省	积极发展低空经济,建设通航机场,组建发展通航机队,拓展应用场景,推动通航全产业链发展,加快通航示范省建设
江苏省	持续打造"51010"战略性新兴产业集群,积极开展省级融合集群试点,大力发展生物制造、智能电网、新能源、低空经济等新兴产业
福建省	加快发展新质生产力,培育壮大新一代信息技术、新能源、新材料、生物医药、低空经济等战略性新兴产业
江西省	实施未来产业培育发展三年行动,创建一批未来产业先导试验区和未来技术产业研究院,努力在元宇宙、人工智能、新型显示、新型储能、低空经济等领域抢占先机
海南省	充分发挥气候温度、海洋深度、地理纬度和绿色生态"三度一色"优势,聚焦种植业、深海、航天、绿色低碳、生物制造、低空经济等领域新赛道,加强政策引导,协同推进技术创新和产业化
云南省	大力培育新材料、稀贵金属、先进装备制造、光电等新兴产业,布局人工智能、生物制造、卫星应用、低空经济、氢能及储能等未来产业,形成新质生产力
陕西省	培育壮大战略性新兴产业,打造氢能、光子、低空经济、机器人等新增长点
内蒙古自治区	新材料、现代装备制造、生物医药、商业航天、低空经济等新兴产业,要把握发展趋势、瞄准市场需求,以科技创新为引领,加快关键核心技术、核心零部件研发制造攻关,深入推进融合集群发展,尽快把规模做起来,把比重提上来
新疆维吾尔自治区	充分发挥科技创新的基础性、战略性支撑作用,着力提升区域科技创新能力,以科技创新引领现代化产业体系建设,大力发展数字经济,加快推动人工智能、生物医药、绿色算力、电子信息、动力电池、航空器制造、低空经济等新兴产业发展,推进创新链、产业链、资金链、人才链深度融合,着力培育新质生产力

总结上述表述,可以看出以下 3 个发展趋势。

① **加强低空装备创新**。政府鼓励企业加快新型通用航空装备核心技术攻关,推动无人化、电动化、智能化发展,以满足低空经济快速发展的需求。

② **优化低空经济发展环境**。政府通过制定相关法规和政策,明确低空经济的发展方向、管理规范等,为低空经济的健康发展创造良好环境。

③ **推动低空经济产业发展**。政府将低空经济纳入国家战略性新兴产业范畴,并提出打造生物制造、商业航天、低空经济等新增长引擎。

2021—2024 年,深圳、广州、苏州、无锡、合肥、芜湖、成都、武汉、福州等多个城市积极推出了针对低空经济发展的具体执行政策及细则，明确了各自的发展目标和详细规划。这些政策主要涵盖基建、应用场景拓展、产业链培育和项目投资补助等。2024年国内重点城市低空经济相关政策见表3-2。

表3-2　2024年国内重点城市低空经济相关政策

城市	发布时间	政策名称	主要内容
深圳市	2024年1月	《深圳经济特区低空经济产业促进条例》	深圳市政府统筹推进低空飞行基础设施建设：编制本市低空飞行基础设施建设规划，并推进低空飞行基础设施智慧化建设。深圳市交通运输部门应当统筹低空物流发展，加强无人驾驶航空器在快递、即时配送等物流配送服务领域的应用
珠海市	2024年3月	《珠海市支持低空经济高质量发展的若干措施（征求意见稿）》	围绕培育低空经济产业生态、扩大低空飞行应用场景、强化产业要素供给3个方面提出13项具体举措
苏州市	2024年2月	《苏州市低空经济高质量发展实施方案（2024—2026年）》	到2026年，建成1～2个通用机场和200个以上垂直起降点。围绕物流配送载人飞行、旅游消费、应急救援、城市管理等领域打造一批示范应用场景开通至周边机场3～5条通用航空短途运输航线、100条以上无人机航线
	2024年4月	《苏州市低空经济发展体系与愿景》	提出苏州以安全发展为第一要务，围绕建设具有全国影响力的低空经济发展引领区、集聚区和先行区，全力打造"12345"低空经济发展体系
	2024年4月	《苏州市支持低空经济高质量发展的若干措施（试行）》	提出苏州在引进培育低空重点企业、鼓励低空科技创新引领、扩大低空飞行应用场景、优化低空经济发展环境4个方面，研究15项具体支持措施，用"真金白银"打造低空经济新增长引擎
南京市	2024年5月	《南京市促进低空经济高质量发展实施方案（2024—2026年）》	到2026年，南京低空经济产业规模超500亿元；建成240个以上低空航空器起降场及配套的信息化基础设施；建成3个以上试飞测试场和操控员培训点；规划建设1～2个通用机场，开通120条以上低空航线；全市低空经济领域高新技术企业超120家；建成15个省级以上创新平台；培育30个以上具备示范效应的创新应用场景。聚焦有效保障低空飞行活动、提升低空产业集聚水平、拓展培育低空应用场景、打造低空科创策源中心和完善低空经济配套措施5个方面，共提出了20项重点任务
	2024年5月	《南京市关于支持低空经济高质量发展的若干措施（试行）》	涵盖持续扩大低空产业规模、建设低空飞行保障体系、拓展丰富低空应用场景、优化低空产业发展生态4个方面12条具体的政策措施

城市	发布时间	政策名称	主要内容
无锡市	2024 年 4 月	《无锡市低空经济高质量发展三年行动方案（2024—2026 年）》	到 2026 年，无锡市形成以宜兴丁蜀低空经济产业园、梁溪科技城等试点片区为支撑，以传统通用航空、无人驾驶航空为重点的产业空间布局，构建集研发制造、商业应用、基础设施、服务配套"四位一体"的低空经济协同发展体系，低空经济产业产值规模突破 300 亿元。全市低空经济领域国家级、省级专精特新企业达到 5 家以上，国家高新技术企业 30 家以上
成都市	2024 年 4 月	《成都市促进航空发动机产业高质量发展的专项政策实施细则》	从支持产品开拓市场、鼓励增强协作配套、支持拓宽应用场景、支持创新平台建设等 10 个方面给出具体支持细则
	2024 年 5 月	《成都市产业建圈强链 2024 年工作要点》	低空经济、氢能成为 2024 年成都实施产业建圈强链行动打造的两条重点产业链
漳州市	2024 年 4 月	《漳州市低空经济产业发展工作方案》	构建了"1+1+1+N"的低空经济建设体系，即编制一个全面的总体规划、出台一套有力的支持政策、培育一批特色产业园区、拓展 N 个应用场景。计划通过 5 年努力，漳州市将打造成基础设施完善、管理安全高效、产业体系健全、应用场景丰富的低空经济强市
	2024 年 5 月	《漳州市促进低空经济产业高质量发展若干措施》	从推进低空经济产业生态培育、鼓励低空飞行场景应用、完善低空经济产业环境配套 3 个方面共提出 13 条措施，深入推动漳州市低空经济产业高质量发展，加快低空经济产业战略布局，抢占技术新优势、发展新动能，打造低空经济创新发展高地
武汉市	2024 年 6 月	《武汉市支持低空经济高质量发展的若干措施》	共有 12 条具体措施，多项奖励高达千万元，鼓励各区设立低空经济专项基金，市、区共同形成总规模不低于 100 亿元的低空经济发展基金群
沈阳市	2024 年 4 月	《沈阳市低空经济高质量发展行动计划（2024—2026 年）》	提出到 2026 年，低空飞行基础保障体系基本完善，初步形成研发制造、低空飞行、综合服务融合发展产业生态。低空飞行器在城市空运、物流配送、应急救援和智慧城市管理等领域综合服务高效运行，打造 10 个以上低空经济示范场景，低空经济相关企业突破 100 家，产业规模达到 30 亿元

深圳市：建设国家低空经济产业综合示范区

以低空经济头部城市深圳市为例，2024年年初，深圳市出台全国首部低空经济立法——《深圳经济特区低空经济产业促进条例》，持续提升深圳市"20+8"产业集群体系，新增低空经济与空天产业集群。中国民用航空局明确支持深圳市建设国家低空经济产业综合示范区、支持深圳市完善产业发展服务体系，同意开展低空物流、城市空中交通等研究试点，丰富拓展低空应用场景，构建低空规章标准体系，加强数字化网络平台建设和低空服务基础设施建设。

2023年，深圳市政府工作报告中提出，要建设低空经济中心，打造通用航空产业综合示范区、民用无人驾驶航空试验区，这是深圳市第一次把"低空经济"写入政府工作报告。《深圳市龙华区低空经济产业创新发展实施方案（2023—2025年）》，加快构建"五位一体"低空经济发展架构，做好低空经济发展顶层设计。

南京市：力争稳居全国第一方阵

2024年5月15日，在南京市举行的低空经济发展大会上，《南京市促进低空经济高质量发展的实施方案（2024—2026年）》正式发布，目标是到2026年，力争南京市低空经济发展水平稳居全国第一方阵，全市低空经济产业规模发展超500亿元。

南京市具备较为扎实的科技和产业基础，科研院所众多，被称为航空航天技术的"智力高地"，是国内最早一批涉足低空经济的城市之一。公开数据显示，南京市拥有航空航天领域院士10多位，中青年专家约400人，拥有南京航空航天大学、南京理工大学、南京信息工程大学等多所涉航高校和高水平科研院所，建成一批国家重点实验室、国防科技重点实验室和无人机领域科创平台。

其中，南京航空航天大学从 1958 年起就开始研究无人机技术；2018 年南京市浦口区与南京航空航天大学签署无人机项目合作协议；2020 年 10 月，浦口高新区获批全国首批 13 个民用无人驾驶航空试验区之一。

赛迪研究院的《中国低空经济发展研究报告（2024）》显示，南京市在"低空经济专利有效量集聚"指标方面，仅次于北京市、深圳市，位列全国第三；在"企业资源集聚"指标上，位列全国第七。目前，南京市低空经济产业主要分布在浦口、白下、麒麟、临空经济示范区等板块，已集聚百家航空航天企业，2023 年低空经济关联产业营收近 30 亿元。

在低空产业发展方面，南京市集聚了中航金城无人系统有限公司、亿维特（南京）航空科技有限公司等整机制造企业，培育了南京莱斯信息技术股份有限公司、南京智慧航空研究院等飞行指挥调度、测绘导航服务企业。

在低空场景应用方面，南京市形成南京海事部门长江沿线常态化执法巡航、南京长江汇公司过往船舶离岸物品配送、南京消防无人机灾情侦察及人员搜救、老山通用机场观光游览和应急救援等一批优质应用场景。

在试验区建设方面，南京市构建了"一中心两平台四空域多场地"运管体系，建成全国首个 5G 组网、经民航认证授牌省内唯一民用无人机试飞基地。

南京市的低空经济产业生态初步形成。为了在产业的创新发展上跑出加速度，南京市需要继续发挥科教等资源优势，将软件信息、通信系统等领域的技术积淀进行有效转化，进一步完善低空经济配套基础设施，逐步完善南京市低空飞行地面基础设施和低空数字智联网，有效满足低空飞行各类需求，进而培育新质生产力的新动能，加快建设具有南京特色的现代化产业体系。

3.2.2 法规现状

在法规方面，我国已经初步建立了一套较为完善的低空经济数字基础设施法规体系。这些法规主要涉及以下 5 个领域。

① **低空经济**。深圳低空经济正在成为全国产业的"高地"。据统计，2023 年，深圳低空经济产值达 750 亿元，占全国七成，其中消费级无人机占全球 70% 的市场份额。《深圳经济特区低空经济产业促进条例》经深圳市人大常委会会议表决通过，并于 2024 年 2 月 1 日起实施。

② **航空法规**。我国已经出台了一系列航空法规，例如《中华人民共和国民用航空法》（以下简称"《民用航空法》"）、《通用航空飞行管制条例》等，对低空经济的飞行活动进行了明确规范。低空经济相关法律法规如图 3-2 所示。

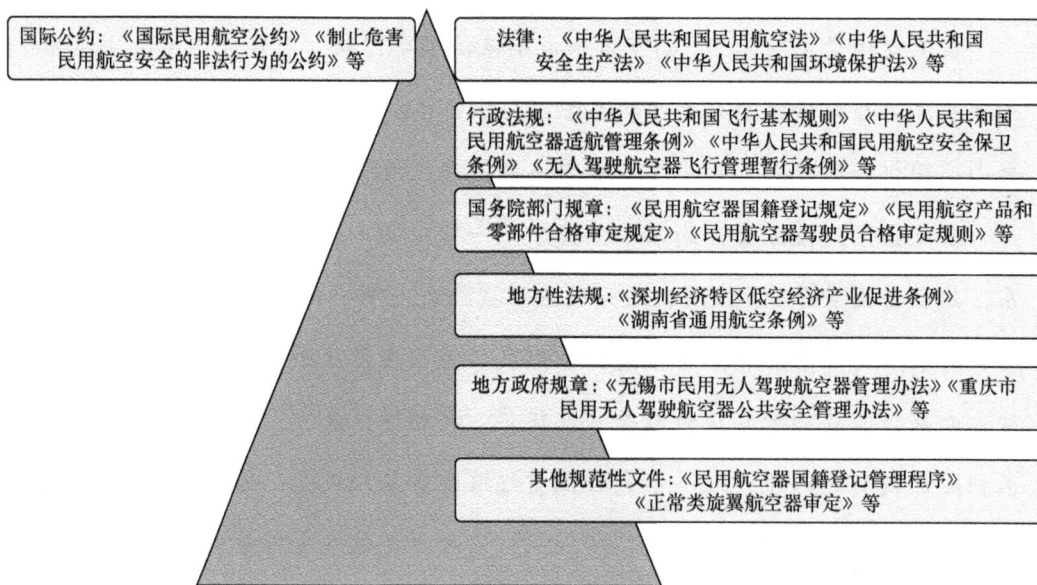

图3-2 低空经济相关法律法规

③ **数据安全法规**。随着低空经济数字基础设施的建设与运营，数据安全问题

日益凸显。我国出台了《中华人民共和国数据安全法》，要求企业加强数据保护，确保数据安全。

④ **网络安全法规**。网络安全是低空经济数字基础设施建设的重要保障。我国出台了《中华人民共和国网络安全法》，要求企业加强网络安全防护，确保低空经济数字基础设施稳定运行。

⑤ **其他相关法规**。我国还出台了一系列与低空经济数字基础设施相关的其他法规，例如《中华人民共和国电信条例》等，为低空经济数字基础设施的建设与运营提供了全面的法规保障。

我国低空经济数字基础设施政策与法规已经初步形成一套较为完善的体系，为低空经济的健康发展提供了有力保障。然而，随着低空经济的不断发展，政策与法规也需要不断完善和调整。

现阶段，民航部门是设计制造低空航空器的主要监管机构，工业和信息化部的相关部门、公安部门、市场监督部门等也在其各自职责分工范围内分别参与低空经济的有关监管事项，低空经济不同领域涉及的主要监管机构及其主要监管职责概览见表 3-3。

表3-3 低空经济不同领域涉及的主要监管机构及其主要监管职责概览

涉及领域	主要监管机构	主要监管职责及事项
低空航空器	民航部门	适航审定准入管理、航空产品和零部件合格审定、低空航空器登记等
	工业和信息化部的相关部门	无线电设备管理、航空器唯一产品识别码备案、电信设备进网许可等
	市场监督部门	产品质量管理及缺陷产品召回、国家标准及行业标准管理等
低空空域管理	交通运输部门、民航部门（包括军队负责空中交通管理的相关机构）	空域管理、飞行活动审批、空中交通管制、飞行操作要求、航空安全等
	公安部门	安全、治安管理及应急处置等

涉及领域	主要监管机构	主要监管职责及事项
低空基础设施	民航部门	低空飞行基础设施建设及运营、低空飞行运营及保障主体资质及运营、低空飞行参与人员资质及培训、低空飞行服务保障、事故调查等
	交通运输部门、工业和信息化部的相关部门	低空飞行通信、导航、监视、气象监测等
低空运营	其他与特定应用场景相关的监管部门，例如与物流或载人运输相关的交通运输部门、与应急救援相关的应急管理部门、与旅游观光相关的文旅部门、与测绘相关的自然资源部门、与农林植保相关的农业及林业部门等	相关监管部门在其职责范围内履行监管职责

3.3　政策与法规对低空经济数字基础设施规划的影响

我国低空经济数字基础设施的规划与建设受到政策与法规的深远影响。这些政策与法规不仅为低空经济的发展提供了方向，而且确保了数字基础设施的规划、建设和运营在合法合规的轨道上进行。本节将探讨我国的政策与法规对国内低空经济数字基础设施规划的具体影响。

（1）政策引导与规划方向

近年来，我国政府出台了一系列政策文件，明确提出了低空经济的发展目标和规划方向。例如，《国务院办公厅关于促进通用航空业发展的指导意见》明确提出要加快通用机场建设，推动无人机产业发展，并加强低空飞行服务保障体系建设。这些政策为低空经济数字基础设施的规划提供了明确的指导方向，推动了相关设施的建设和完善。然而，近期大量产业调研显示，低空通信、感知、导航等保障能力不足，导致空域难以实现有效的管控和服务是目前行业面临的主要问题。在这一背景下，ISAC 技术应运而生，成为低空经济发展的关键基建。

（2）法规规范与约束作用

在法规层面，我国针对低空经济数字基础设施制定了一系列标准和规定，以确保其规划、建设和运营的合法性和规范性。例如，中国民用航空局发布的《民用无人驾驶航空器经营性飞行活动管理办法（暂行）》中，对无人机的适航管理、驾驶员管理、运行管理等方面进行了明确规定，为无人机产业的健康发展提供了有力保障。此外，针对低空飞行服务保障体系，我国还制定了《通用航空飞行服务站系统建设和管理指导意见（试行）》等法规，规范了低空飞行服务保障体系的规划、建设和运行。

（3）安全保障与促进创新

政策与法规在低空经济数字基础设施规划中的另一个重要作用是提供安全保障和促进创新。例如，为了保障无人机飞行的安全性，我国制定了一系列安全标准和监管措施，要求无人机在飞行前进行实名注册、驾驶员需持有有效证件等。这些措施有效降低了无人机飞行的安全风险。同时，为了推动低空经济数字基础设施的创新发展，我国政府还出台了一系列支持政策，鼓励企业加大研发投入、推动技术创新和成果转化。例如，针对无人机领域的技术创新，我国政府设立了专项基金支持相关项目的研发和应用。

（4）实例分析

以我国某地区的无人机物流配送中心为例，该项目的规划、建设和运营充分体现了政策与法规在其中发挥的作用。在项目规划阶段，政府出台了相关政策文件，明确了无人机物流配送中心的建设目标和要求。同时，政府还制定了详细的规划方案，包括选址、建设规模、设施配置等方面的规定。在项目建设阶段，政府按照相关法规要求，严格监管无人机物流配送中心的建设过程，确保项目的合法性和规范性。在项目运营阶段，政府继续加大监管力度，要求无人机物流配送中心遵守相关法规要求，确保飞行安全和运营规范。同时，政府还积极推动该项目的创新发展，鼓励企业探索新的应用场景和商业模式。

我国政策与法规对低空经济数字基础设施规划具有深远的影响。我国低空经济相关政策为规划提供了方向和指导，法规确保了规划的合法性和规范性。同时，政策与法规还起到了安全保障、促进创新和技术进步的作用。在未来低空经济数字基础设施的规划与建设中，各级政府还将继续加强政策与法规的引导和支持作用，持续推动低空经济健康发展。

低空经济数字基础设施关键技术

第四章

在技术应用方面，我国低空经济领域的技术创新不断涌现，特别是在 eVTOL 领域，取得了显著进展。2023 年，我国 eVTOL 产业规模达到 9.8 亿元，同比增长 77.3%，2026 年将达到 95 亿元。这表明我国在低空经济领域的技术创新和应用落地走在全球前列。

低空飞行技术也可以用于载人通航，例如空中交通工具、空中观光旅游等。城市空中交通正逐步落地，未来具备广阔前景。用于低空飞行的航空器主要包括直升机和 eVTOL。近年来，直升机出行的普及程度越来越高。随着 UAM 的兴起，eVTOL 产业蓬勃发展。与传统直升机相比，eVTOL 在安全性、智能性、经济性和环保性方面优势显著，可以在低空快速流动与灵活作业，能够有效缓解地面交通的拥堵问题，但其也面临安全性、隐私和监管方面的挑战。

4.1 数字基础设施概述

4.1.1 数字基础设施的定义与构成

（1）数字基础设施的定义

数字基础设施是以数据创新为驱动、通信网络为基础、数据算力设施为核心的基础设施体系，其包括各种硬件、软件、通信和网络设备，以及相关的服务和技术，旨在提供高速、可靠、安全和可持续的数字通信和信息处理能力，可用于支持数字经济、数字社会和信息社会的发展。

一方面，数字基础设施激发了以新产业、新模式、新业态为核心的新经济发展活力，为数字产业化释放更大潜力；另一方面，数字基础设施可以赋能传统产业数字化转型，通过数据自由流动和新兴技术应用来应对复杂系统的风险性，提高资源和要素配置效率以及产业的运行效率，加速传统产业的优化升级，提高产业的发展水平和企业的竞争能力。数字化、信息化、智能化是我国建设现代化产业体系、优化产业结构的基本方向，加快推进数字化、信息化、智能化技术创新和应用发展，需要布局建设更加完善、更为先进的新型数字基础设施。

新一代数字基础设施的建设具有以下几个特征。

① **高速泛在、天地一体**。这是指基础连接，体现了基础网络覆盖的速率、广度和空间能力的提升，高速泛在、天地一体能够提供超大带宽、海量连接、无处不在和天地立体覆盖的连接能力，需要通过加快 5G、光纤宽带、Wi-Fi、千兆网络及卫星通信网络等建设来实现。

② **云网融合、智能敏捷**。这标志着数字基础设施的数字化、智能化演进方向，是新一代数字基础设施区别于传统设施最本质的特征，能提升数字基础设施能力的级别。其中，云网融合是内在能力，智能敏捷是外在表现，二者相辅相成、缺一不可。

③ **绿色低碳、安全可控**。一方面要深入落实国家"双碳"目标，将绿色低碳理念融入云网规划、建设和运营的全流程，深化绿色云网建设；另一方面要打造云、网、边、端一体化的安全纵深防御体系，筑牢数字中国安全屏障。绿色安全是实现数字基础设施健康发展的根本保障，是经济社会可持续发展和维护国家安全的必然要求。

（2）数字基础设施的构成

互联网和通信网络是数字基础设施的核心组成部分，众多网络（全球互联网、宽带网络、移动通信网络和卫星通信系统等）为数据的传输和交换提供了基础，是数字经济和数字社会运行的关键。

数据中心是集中存储、处理和管理数据的设施，为政府、企业和个人提供数据存储和计算资源。数据中心是数字经济的重要支撑，为各种数字应用提供了必要的技术支持和资源保障。

云计算是通过互联网提供计算资源和服务的模式，包括云服务器、云存储、云数据库等。云计算使各种数字应用能够高效、稳定地运行，提高了数字经济的运行效率和灵活性。

人工智能是数字基础设施的重要组成部分，它可以通过机器学习和数据分析等技术，为各种应用提供智能化的决策和支持。人工智能在数字经济中的应用越来越广泛，为经济发展和社会进步提供了强大的动力。

此外，数字基础设施还包括物联网、区块链等新一代信息技术，以及基于此类技术形成的各类数字平台。诸多技术和平台为数字经济提供了更广泛的应用场景和更丰富的服务内容。

数字基础设施是数字经济时代的重要基础设施，它支撑着数字经济和数字社会的发展，为经济发展和社会进步提供了坚实的保障。

4.1.2　数字基础设施的发展历程与现状

（1）发展历程

① **初期阶段（20 世纪 60 年代～80 年代）**。该阶段实现了电话网和计算机网络的初步建立。电话网实现了基本的语音通信功能，而计算机网络则通过阿帕网等项目进行了数据传输和资源共享的尝试。

② **发展阶段（20 世纪 90 年代～21 世纪初）**。随着互联网的普及和移动通信技术的发展，数字基础设施进入快速发展阶段。互联网提供了全球范围内的信息

交流和资源共享平台，而移动通信技术则满足了随时随地通信的需求。同时，数据中心和云计算技术等开始兴起，为大数据处理和存储提供了可能。

③ **成熟阶段（21 世纪初至今）**。在移动互联网、物联网、人工智能等技术的发展和推动下，数字基础设施不断完善和成熟。5G、物联网、区块链等新一代信息技术的出现，进一步推动了数字基础设施的升级和演进。同时，云计算、大数据等技术的应用也越来越广泛，为数字经济的发展提供了强大的技术支撑。

（2）现状

① **网络基础设施不断完善**。全球互联网和移动通信网络已经覆盖了大部分国家和地区，实现了高速、稳定、安全的数据传输和通信服务。同时，网络基础设施的智能化和自动化水平也在不断提高，为各种数字应用提供了更加便捷和高效的支持。

② **数据中心和云计算快速发展**。数据中心已经成为数字经济的重要基础设施之一，为政府和企业提供了高效、可靠的数据处理和存储服务。云计算则通过提供弹性的计算资源和服务，为企业和个人输出更加灵活和便捷的信息化解决方案。

③ **新一代信息技术不断涌现**。5G、物联网、区块链等新一代信息技术的出现，为数字基础设施的升级和演进提供了重要支撑。这些技术不仅提高了数据传输的速度和效率，还拓展了数字基础设施的应用场景和服务范围。

④ **数字化应用广泛普及**。在数字基础设施的支持下，各种数字应用已经广泛普及至各个领域和行业。例如，电子商务、在线教育、远程办公等数字应用已在人们的日常生活和工作中广泛使用。

4.1.3　数字基础设施对低空经济的支撑作用

低空经济具有天然的数字经济"基因"，可以充分享受数字化、智能化技术发展带来的红利，实现低空经济与数字经济融合发展。数字基础设施，特别是大数据和云计算技术，可以支持构建精细化的空域管理系统。该系统能够处理和分析大量的飞行数据，包括飞行器的位置、速度、高度等，从而实现对低空空域的智能化管理。

（1）通信与导航

在低空经济中，通信和导航是至关重要的。传统的无人机，尤其是消费级无人机，仍以手动遥控为主，当需求拓展到更复杂的场景时，一套完备的网络支撑将更有利于控制无人机。数字基础设施中的 5G、北斗＋全球定位系统（Global Positioning System，GPS）等通信技术，以及物联网设备，可以为飞行器提供稳定、高效的通信和导航服务。这不仅有助于飞行器之间，以及飞行器与地面控制系统之间进行信息交换，还可以提高导航的精度和可靠性。

ISAC 能让基站兼顾通信和感知双重能力。也就是说，基站在提供蜂窝移动通信能力的同时，叠加了类似雷达的感知功能，可以对周边的无人机、汽车或轮船等物体进行探测跟踪。传统雷达技术的单站监控方式能力有限，难以发现和应对在雷达显示器上时隐时现、忽明忽暗的"低慢小"航空器；摄像监控技术的监控范围有限，且受光照条件的影响，难以满足远距离、全天候的监控需求。针对以上情况，ISAC 技术应运而生，其以支撑无人机与无人机、无人机与地面之间通信的蜂窝技术为基础，结合高精度、低时延、全天候的感知技术，构建了通信、感知、智算一体化的低空网络系统。ISAC 的主要优势体现在以下 4 个方面：一是多基站协同探测可以缩小感知盲区，实现探测区域全覆盖；二是基站覆盖率高，不需要重复建设，基站部署快、建设成本低；三是使用已授权的通信频段，无须另外划分频段，节约频谱资源；四是 ISAC 基站的无线信号发射功率低，不会对人们的生产生活产生影响。

ISAC 技术能够解决低空经济的痛点，实现在不同高度的广泛应用。目前，限制低空经济规模化发展的技术原因主要有 3 个：一是低空通信，由于传统基站的高度限制，无法实现有效的低空通信；二是低空感知，城市中建筑密集，卫星导航信号易受干扰，而在地面部署传统雷达成本高昂；三是低空导航，随着低空活动频次的增加和高密度飞行的需求提升，导航模式需要更加数字化、精细化。ISAC 技术通过大规模天线阵列等技术实现对低空区域的网络覆盖，利用基站可组网的特性为低空空域提供稳定、连续、高速可靠的无缝覆盖通信网络。采用 ISAC 基站方式组建网络，能够确保网络及时更新、高效运行，实现更高的上下行速率、更低的传输时延，感知信号、通信信号、定位信号能够及时与后台进行交互，实现高效调度和低空安防，为低空经济的发展提供有力支撑。此外，ISAC 技术在不同高度均有广泛的应用场景，在 100 米的高度，可以用于低空安防，通过实时监测和感知，保障低空飞行的安全；在 300 米的高度，可以用于航路保护，确保航线的清晰和安全，防止飞行冲突；在 600 米的高度，可以用于轨迹跟踪，精确记录飞行轨迹，为飞行管理提供详尽的数据支持。

案例：

> 深圳市福田区建成了首个 ISAC 5G-A 基站站点，将开展 5G-A 立体感知网在低空环境下的无人机轨迹精准追踪、重点区域电子围栏保护等多场景验证，为深圳低空经济的发展提供有力的技术支撑。

ISAC 技术目前还处于技术论证的初期阶段，通信和感知分属两个领域，二者在技术实现路径上是完全不同的，因此，要实现二者的真正融合，将是电信运营商需要应对的挑战。

虽然测试表明低空网络覆盖可从已部署的 5G 网络通过优化网络参数起步，但仍须从系统架构、组网设计及与地面的覆盖融合等多个方面持续优化，以提升低空覆盖的能力。同时，感知所用到的技术涉及频段、牌照等，是一个系统性工程，还处于推进状态。要实现 ISAC 技术在现网中的应用，服务低空经济，预计分两步进行：第一步是利用现网 5G 资源建立低空通信网络，实现对网联无人机的管控以及行业视频监控及巡航业务的回传；第二步是引入感知能力，开展通信感知试验，逐步实现对非网联无人机的管控，从而实现完全空域管控。

综上，为支持低空经济市场发展，首先需要一张高可靠、广覆盖的低空网络，通过 ISAC 技术，构建基于蜂窝移动网络的低空覆盖，为监管部门提供全面、智能的低空空域管理解决方案。同时，扩展电信运营商的网络能力，从通信领域拓展到感知领域，使电信运营商可以更多赋能垂直行业，通过丰富的网络服务驱动技术创新和产业升级，促进经济增长。

（2）智能化服务

通过人工智能和机器学习技术，数字基础设施可以实现对低空经济的智能化服务。例如，智能调度系统可以根据飞行器的位置、目的地、飞行时间等因素，自动规划飞行器最优的飞行路径，从而提高飞行效率。此外，智能监控系统还可以实时监测飞行器的状态，及时发现并处理潜在的安全隐患。

（3）低空服务与管控平台

低空空域无人机设备数量爆发，迫切需要相关部门对其进行有效的监管，而这也让网络在低空空域中的作用更重要。数字基础设施可以支持构建低空服务与管控平台，该平台可以提供与其他空域管理相关系统的对接服务，实现空域管理机构对飞行器"看得见""叫得到""管得住"的目标。这有助于管理机构更好地掌握空中的动态，确保低空经济的有序运行。

数字基础设施的发展还可以促进低空经济的产业链发展。例如，数字平台可以为低空经济中的企业提供更加便捷的信息交流、资源共享和合作机会，从而推动整个产业链的协同发展。

数字基础设施对低空经济的支撑作用是多方面的，它不仅可以提高低空经济的运行效率和安全性，还可以促进低空经济的产业链发展，为低空经济的未来发展提供强大的支撑。

低空数字化系统的开发与建设、低空空域航路基础设施的建设是推动低空经济产业化、规模化、商业化发展的基础，需要加快建设城市低空通用航空运行控制中心和调度监视平台，并在未来城市规划和建设中合理预留低空空域运行基础设施建造空间。集管制、气象、情报等功能于一体的省级低空飞行服务站和省级低空通信监视网络是未来重点建设的方面。

（4）数字基础设施建设运营者的作用

随着科技的飞速发展和社会的不断进步，低空经济作为新兴领域，正在逐渐展现巨大的潜力和发展空间。电信运营商作为信息通信技术发展的重要推动者，如何在低空经济领域寻求发展机遇，实现转型升级，成为摆在行业发展面前的重要课题。电信运营商可以从以下五大方面把握发展机会，拥抱低空经济。

① **构建低空通信网络**。低空经济领域的发展离不开稳定、高效的通信网络支持。电信运营商可以充分利用自身在网络建设和技术创新方面的优势，积极参与低空通信网络的构建。通过部署无人机基站、建立空中通信网络等方式，可以为

低空经济活动提供稳定、可靠的网络服务，助力低空经济的快速发展。

② **推动无人机通信技术研发。**无人机作为低空经济的重要组成部分，其通信技术的稳定性和安全性对于低空经济的发展是至关重要的。电信运营商可以加大对无人机通信技术研发的投入，推动无人机与5G、物联网等新一代信息技术融合应用。通过优化无人机通信协议、提升数据传输速率等方式，为无人机在低空经济领域的应用提供强有力的技术支撑。

③ **拓展低空数据服务。**随着低空经济活动越来越多，对低空数据的需求也日益增多，电信运营商可以依托自身丰富的数据资源和强大的数据分析能力，拓展低空数据服务。通过收集、整理和分析低空数据相关服务，可以为政府、企业等用户提供精准、高效的数据支持，推动低空经济领域的决策科学化和智能化。

④ **创新低空应用服务。**低空经济领域具有广阔的应用前景，电信运营商可以充分发挥自身的创新能力和市场敏锐度，探索低空应用服务的新模式。例如，开发低空旅游、低空物流、低空拍摄等应用服务，满足用户多样化的需求。同时，通过与其他产业的跨界合作，共同推动低空经济领域的创新发展。

⑤ **加强低空安全保障。**低空安全是低空经济健康发展的重要保障，电信运营商可以利用自身在网络安全、信息安全等方面的技术优势，加强低空安全保障体系建设。通过研发高效的安全防护技术、建立严格的安全管理制度等方式，可以为低空经济的活动提供安全可靠的网络环境，确保低空经济的持续健康发展。

电信运营商作为信息通信技术的重要推动者，在发展低空经济方面具有得天独厚的优势。通过构建低空通信网络、推动无人机通信技术研发、拓展低空数据服务、创新低空应用服务和加强低空安全保障五大举措，电信运营商可以充分把握低空经济的发展机会，实现自身的转型升级和可持续发展。同时，电信运营商还需要不断关注低空经济领域的发展趋势和市场需求变化，积极调整战略和业务模式，以适应低空经济的快速发展。

4.2　关键技术标准化进程

低空数字经济得益于无人机技术、5G 通感增强技术的发展和相关政策及法律法规的推动，国内外研究机构和电信运营商均在积极探索相关的新技术、新应用和新市场模式。对于低空数字基础设施涉及的 ISAC、非地面网络（Non-Terrestrial Network，NTN）、点对点（Device-to-Device，D2D）通信和无源物联网（Passive Internet of Things，P-IoT）等技术标准化，围绕用例分析、技术趋势、发展侧重和技术挑战等方面给出了各自的理解与分析。

ISAC 是指在通信模块中赋能感知功能，利用通信系统的频谱资源、空口技术、硬件资源处理单元等接收感知信号并进行处理，基于核心网的深度分析、智能化运算及能力开放，实现多维度、多粒度的环境和目标感知功能，提升系统的频谱效率、硬件效率和信息处理效率。ISAC 系统如图 4-1 所示。

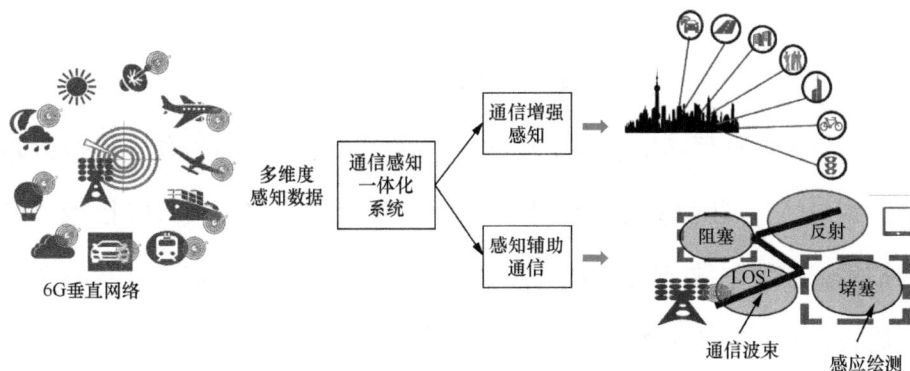

注：1. LOS（Line-Of-Sight，视距）。

图4-1　ISAC系统

5G-NTN 是面向卫星通信和低空通信等新应用场景的重要演进技术，其标志着移动通信从地面走向了空间。基于第三代合作伙伴计划（3rd Generation Partnership Project，3GPP）开放标准，可以实现卫星通信与地面通信体制兼容，可充分利用和分享地面 5G 的产业链和规模经济效益，快速提升低空领域产业的规模，助力低空经济的发展。5G-NTN 系统如图 4-2 所示。

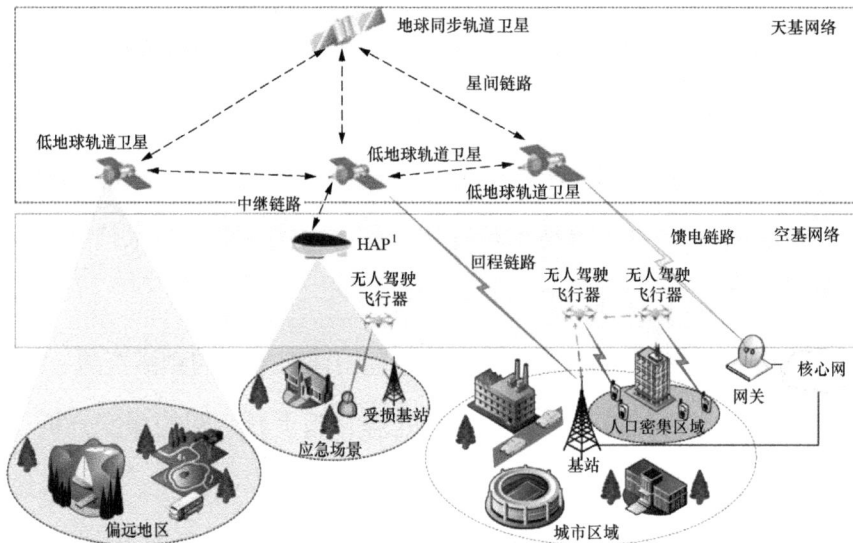

注：1. HAP（High Altitude Platform，高空平台），即通信系统将无线基站安装在长时间停留于高空的飞行器上来提供电信业务。

图4-2　5G-NTN系统

P-IoT 技术是利用环境能量采集技术，将周围可用的信号和能量转化为驱动自身电路的电能，同时利用以反向散射为核心的通信模式，实现向目标节点传递信息的技术。在低空数字经济中，例如，无人机物流、空中监测、智能农业喷洒等应用场景，P-IoT 技术可以为无人机提供地面基础设施信息（例如货物位置追踪、环境参数收集等），从而提高作业效率和精准度，同时减少能耗和运营成本。P-IoT 系统如图 4-3 所示。

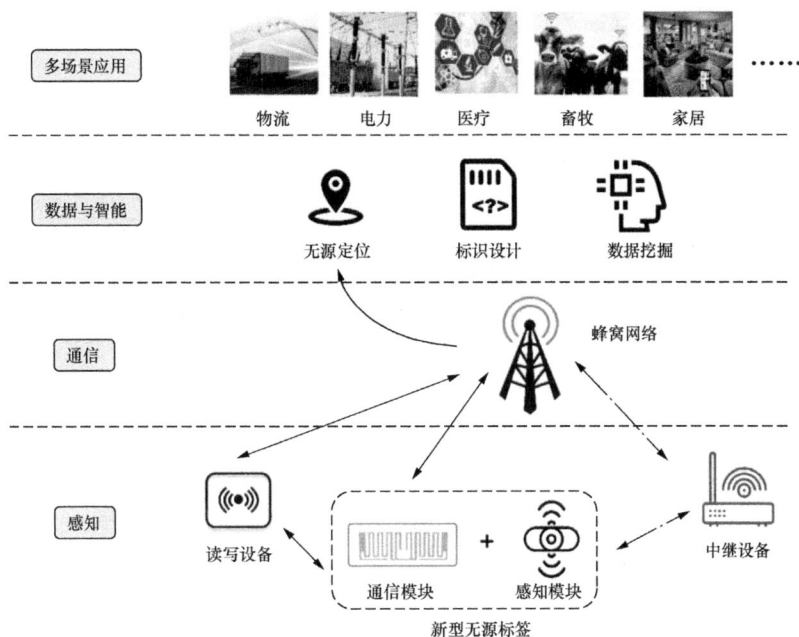

图4-3 P-IoT系统

4.2.1 国际标准化组织技术体系

国际标准化组织主要包括ITU、3GPP、电气电子工程师学会（Institute of Electrical and Electronics Engineers，IEEE）、Hexa-X（欧盟委员会研究下一代无线网络的6G旗舰计划）、北美的下一代G联盟（Next G Alliance，NGA）等。

（1）ITU

ITU将通信与感知系统的交互层次分为3个级别。**一是共存级别**，此时感知和通信系统在物理上相互独立，可使用相同或不同的频谱资源，但它们之间不共享任何信息，甚至可能相互视为干扰源。**二是合作级别**，尽管感知和通信系统仍在物理上分离，但它们之间开始信息共享，例如通过共享感知或通信的先验知识来减少干扰或在某些情境下增强系统的性能。**三是集成设计级别**，这是未来国际移动通信中通感融合系统的重点发展方向，在这一级别，感知和通信系统被整合为一个统一的系统。目前，ISAC 技术已被 ITU 列为下一代通信系统的 3 个新场景之一，是电信运营商的核心业务范畴。

ITU 提出了星地 5G 融合的 4 种应用场景，包括中继到站、小区回传、动中通、混合多播场景，进一步明确了卫星通信为支持以上应用所具备的关键特性，包括多播支持、智能路由支持、动态缓存管理及自适应流支持、时延、一致的服务质量（Quality of Service，QoS）、网络功能虚拟化（Network Functions Virtualization，NFV）/ 软件定义网络（Software Defined Network，SDN）兼容、商业模式的灵活性等。此外，ITU 也积极推进关于卫星与 5G 在频率使用方面的工作，明确了在 6～84GHz 探索 5G 新的可用频率，为此需要开展一系列关于卫星与 5G 的频谱共用与电磁兼容性分析。

ITU 关注 P-IoT 在不同领域的应用潜力，例如，智能农业、智能交通、智慧物流、智能仓储等，并探索这些领域的技术解决方案。随着 P-IoT 技术的推广，ITU 也在研究如何确保数据的安全性和用户隐私的保护，这是物联网设备普遍面临的问题，并且设立专门的课题，围绕物联网安全和标识体系方面开展研究。

（2）3GPP

5G 标准包括 R15、R16 和 R17。3GPP 在 2019 年 3 月冻结了第一个 5G 的完整版本——R15，随后于 2020 年 7 月冻结 R16。2022 年 6 月，3GPP RAN[1] 第 96 次会议上，宣布 R17 冻结。至此，5G 的首批 3 个版本标准全部完成。

在 R17 中，3GPP 首次明确了 ISAC 技术框架和实现方法，通过利用 5G 网络的大规模天线阵列和高频谱特性来实现精确的环境感知和定位，同时引入了创新的物理层技术和信号处理算法，以提升 ISAC 的整体性能和效率。

在 R15～R17 中，3GPP 逐步明确并清晰了 NTN 的部署场景和相关系统参

---

1 RAN：Radio Access Network，无线电接入网。

数；确定了 NTN 应用的基础功能；聚焦低地球轨道卫星和地球同步轨道卫星的透明转发场景，进一步增强相关的具体功能；同时，启动了 NTN 物联网场景研究，首次将窄带物联网（Narrow Band Internet of Things，NB-IoT）技术应用到卫星通信，IoT NTN 专注于支持低复杂度增强型机器通信（enhanced Machine-Type Communication，eMTC）和 NB-IoT 终端的卫星物联网服务。

在 R16 中，3GPP 针对蜂窝车联网（Cellular Vehicle-to-Everything，C-V2X）提出了 D2D 技术。在 R17 中，针对应用需求提出了一系列全新的直连通信增强特性，例如，优化资源分配和节点，提供了全新的频段支持，还将直连通信扩展至公共安全、物联网，以及其他需要引入直连通信中继操作的全新用例。

从 R18 开始，被视为 5G 的演进，命名为 5G-A，将会有 3 个版本的标准演进，即 R18、R19 和 R20。2024 年 6 月 18 日，在上海举行的 3GPP RAN 第 104 次会议上，R18 被正式冻结。2023 年 12 月，3GPP 确定了 R19 首批 16 个 RAN 领域立项课题，标志着 5G-A 国际标准制定进入新阶段，计划在 2025 年年底完成 R19 ASN.1 冻结。R20 标准还未立项，无法具体分析，但可以预期，R20 将面向新业务和新场景持续增强针对性能力。在 5G-A 阶段，与低空领域相关的内容主要包括以下 3 个方面。

① ISAC 演进。R18 不仅考虑了现有网络的部署反馈，也为未来网络的演进奠定了基础，将应用场景分为目标检测与追踪、环境监测和运动检测 3 类，并提出了相关关键绩效指标要求，包括定位精度、感知分辨率、最大感知服务时延等，相比当前独立的通信系统，ISAC 系统提供感知层面的信息可以辅助通信实现更高的速率和更可靠的信息传递。

② IoT NTN 继续增强。进一步讨论 NTN 覆盖增强、移动性增强、10GHz 以上频谱支持、物联网增强、用户终端（User Equipment，UE）位置服务规范。R17

和 R18 所研究的均是聚焦卫星通信透明转发模式，即卫星侧不对所接收的数据进行调制、解编码等信号处理操作，相关操作均依托于信关站。在这种情况下，卫星网络的服务仍受地理限制，难以真正地实现全球无缝覆盖。为此，R19 将重点聚焦再生模式的 NTN 研究，计划攻克用户和通信链路移动性管理难题，利用星间链路加强卫星间的协同，进一步增强上行和下行覆盖，实现更高的数据传输速率、更大的网络存储容量、全球无缝覆盖，助力汽车、无人机等新型终端设备获得可靠连接。

③ **无源物联网**。R19 聚焦新型超低功耗标签设备，针对基站直连和终端作为中继节点的两种拓扑架构，进行物理层传输结构、传输流程、协议栈简化、高层信令流程、核心网和无线接入网接口等方面的研究，使能超低功耗、超低成本的物联网盘存、命令下发应用。

（3）IEEE

在 802.11 系列标准中，通过修订现有的 Wi-Fi 标准，增强 802.11 兼容波形，提升 Wi-Fi 的感知能力，强化在 1～7.125GHz 和 45GHz 以上免许可频段的 Wi-Fi 感知功能，使各站点能够通知其他站点 Wi-Fi 感知能力，请求和设定传输以进行 Wi-Fi 感知测量，并交换 WLAN 感知反馈和信息。

在 802 系列标准中，虽然主要针对地面无线网络，但此技术进步和创新同样可以应用于非地面网络的通信技术中，例如，提高数据传输效率、优化频谱使用等；同时，IEEE 制定的物联网技术标准，对于 NTN 环境下物联网设备的互操作性和高效通信是至关重要的。

（4）Hexa-X

Hexa-X 将未来连接技术的趋势确定为通信、定位、成像和感知的融合。随着更大带宽信号、更高频段频谱（例如超过 100GHz）应用的出现，以及即时定位与地图构建（Simultaneous Localization and Mapping，SLAM）技术与低频谱通信的结合，未来网络预计将集成厘米级的高精度定位、多样化的感知（包括雷达和非雷达类似技术），以及毫米级的成像功能。

欧盟委员会在 2022 年 10 月启动了 6G 旗舰计划的第二阶段（Hexa-X-II），该计划由诺基亚牵头，爱立信等多家国际通信公司共同参与。Hexa-X-II 的主要研究方向是 5G 向 6G 实验性基础设施的演变，并特别关注可持续性、包容性和可信性。作为该计划提出的六大支柱之一，ISAC 技术被视为重要的支撑。通过通信连接和 6D 地图与运动预测及人工智能的结合，有望推动全新应用和用例的实现，从而带来前所未有的沉浸式体验。

（5）NGA

NGA 在 2022 年 6 月公布了一份 6G 技术报告，该报告以应用和需求为着眼点，概括了 4 类关键作用的用例，强调需要将传感器与通信紧密结合，以支撑自主系统的分布式感知与通信，在无线电技术领域内，ISAC 技术被视作核心发展方向之一。

4.2.2　国内标准化组织技术体系

国内主要由面向 5G 和 6G 的两个标准推进组，即 IMT-2020（5G）推进组和 IMT-2030（6G）推进组以及中国通信标准化协会（China Communications Standards Association，CCSA），来推进相关的标准演进。

1. IMT-2020（5G）推进组

IMT-2020（5G）推进组在 2021 年 12 月大会上提出全面启动关于 5G-A 通信感知一体化的关键技术研究，涵盖场景、架构、测试、仿真和空口技术等诸多方面。2022 年 11 月，IMT-2020（5G）推进组发布《5G-Advanced 通感融合网络架构研究报告》，面对感知应用的差异化需求，提出多种通感网络架构，并分别从架构、接口、协议、功能、端到端业务流程等方面展开研究。2024 年 3 月，IMT-2020（5G）推进组发布《5G-Advanced 通感融合网络架构研究报告（第二版）》，在 2022 年报告的基础上针对通感融合关键问题，对架构设计、功能、流程等提出增强版本。

IMT-2020（5G）推进组已经完成了对 NTN 技术的初步验证和测试，包括基于 IoT-NTN 的终端直连卫星技术研究与试点验证。这些测试覆盖了国内外标准研究进展、应用场景、网络架构、功能和性能需求等方面，为后续的研究提供了坚实的基础。针对卫星通信场景的特点，NTN 技术进行了空口增强协议设计，引入了调度时序管理混合自动重传请求（Hybrid Automatic Repeat reQuest，HARQ）功能编排、上行传输时延补偿、空地快速切换等先进技术。这些技术突破使 NTN 技术能够更好地应对卫星通信场景中的多普勒频偏大、信号衰减高和传播时延长等问题。

2. IMT-2030（6G）推进组

围绕 ISAC 技术，IMT-2030（6G）推进组在 6G 应用场景需求、基础理论、空口技术、组网技术、硬件架构、原型验证等方面开展了深入调研分析，2022 年发布《通信感知一体化技术研究报告》，结合通信感知一体化方面的研究成果，对通信感知一体化的研究挑战及潜在关键技术及应用前景进行了分析与探讨，以期对未来的 6G 研究工作起到一定的指导作用。

IMT-2030（6G）推进组正式发布了《6G 网络应用使能技术研究报告》，报告中包含对 NTN 技术在 6G 应用场景、需求、挑战和解决方案等方面的深入分析，指导后续的研发方向和技术标准化进程。业内多家企业完成了非地面网络技术低轨卫星的实验室模拟验证。这包括利用信道模拟器成功模拟低轨卫星的运动模型，验证了 NTN 技术在 5G 及未来 6G 网络中的应用潜力，展示了 NTN 技术在不同环境下的稳定性和可行性。

3. CCSA

2022 年 8 月，CCSA 围绕 5G 通感融合技术研究立项，研究 5G-A 网络架构和相关无线关键技术，包括对通感融合技术的应用场景、需求分析和潜在系统架构的探讨。CCSA 对 RAN 协议栈和物理层关键技术进行了深入研究，优化 ISAC 系统的性能，提高通信和感知的效率和准确性。同时，CCSA 针对 5G 新型业务特性和场景的节能技术开展研究，技术范围涉及时间域、频率域、空间域、功率域等多个方面，降低了 ISAC 系统的能耗，提高了系统的能效比。

在 5G NTN 标准方面，CCSA 主要聚焦透明转发、低轨卫星 NR 互联网和 IoT-NTN 这 3 个技术方向，基于 3GPP 标准进行国内标准定制化工作。同时，CCSA 充分考虑我国电信运营商的高轨卫星优势，立足我国现状，推动我国标准化的进程。

2010 年 2 月，CCSA 成立了"泛在网技术工作委员会"，对物联网的共性总体标准、应用标准、网络标准和感知延伸标准等进行了全面的研究和行业标准的制订。

4.2.3 技术发展态势

低空数字基础设施是近年来随着无人机应用的广泛普及、空中交通管理需求的增长，以及未来城市空中交通概念的兴起而受到关注的一个重要领域。它旨在建立一个安全、高效、智能化的低空空域管理体系，支持各类低空飞行器（例如，无人机、空中出租车等）的安全运行与有效管理。基于上述围绕低空领域的技术标准讨论，下面主要从 ISAC、NTN 和 P-IoT 的相关试点、频率和终端方面分析产业链的发展情况。

4.2.3.1 应用推进

1. ISAC

ISAC 尚处于应用初期，对于网联功能，ISAC 技术相对成熟，可以按照国家政策并根据商业化的需求，短期内较快地推进；但对于感知技术，取决于国家牌照的颁布、空管政策的落实、技术试验的进展和产品的成熟度。

目前，国内外电信运营商尚未开展 ISAC 网络的规模部署，主要处于试点推进过程中。但考虑到感知实现方式将很大程度上依赖频率波长（波长越短，越能提升感知精度），可以预计，目前 5G 频率所在的 Sub-6G 在非理想条件下较难满足商业需求，大概率需要引入毫米波频段，而这会涉及频段许可、牌照等问题，并将进行新一轮的无线网建设，这是一个复杂的系统性工程。

在全球范围内，多个国家和地区的电信运营商、设备制造商和研究机构都在积极投入资源，对 ISAC 技术进行深入研究、部署和测试，主要情况如下。

（1）欧洲

欧洲的部分电信运营商已经开始与合作伙伴共同进行 5G-A 通感一体基站的部署和测试工作，探索在智能交通、智慧城市、无人机监控等领域的应用。同时，欧洲研究机构在该技术领域取得了显著进展，为商用落地提供了有力支持。

（2）北美

北美的头部科技公司和电信运营商同样看到了 ISAC 技术的巨大潜力，并积极投入研发力量。希望通过这项技术提升自动驾驶、远程医疗等领域的通信和感知能力，推动相关行业的创新发展。

（3）亚洲

日本、韩国等国家的电信运营商和设备制造商也在积极开展相关研究，努力追赶全球 ISAC 技术的发展步伐。中东地区掀起 5G-A 发展热潮，沙特阿拉伯第一大电信运营商 Zain KSA 发布 5G-A 网络发展的新进展，阿拉伯联合酋长国 5G-A 试验项目二期工程取得成功，第二大电信运营商 du 发布全球首个 5G-A 智慧家庭样板点。

我国国内 3 家电信运营商也围绕 ISAC 积极推进试点工作。

（1）中国电信

① **基于毫米波频段，打造通感创新实验基地。**中国电信在江苏省南京市建设了 5G-A 通感领域创新实验基地，旨在构建通感端到端商用能力支持商业探索。2024 年 4 月，通过无线感知技术率先实现了两站三扇区下低空目标检测能力验证，为低空感知组网下应用场景的探索提供了坚实基础。通过该技术实时感知低空无人机的位置和动态，可实现精准的航迹跟踪。本次测试相继完成了目标探测、入侵检测和电子围栏等五大基础能力验证。未来，ISAC 技术将为城市低空管理提供有力的技术手段，提高低空无人机在物流配送、灾害救援、环保监测等诸多应用场景中的运行效率和安全性。这项创新性的合作将为无线通信网络带来新的发展机遇，为促进低空经济的发展产生积极的推动作用。

② **完成 5G-A 智慧高速公路验证。**中国电信部署了 5G-A 通感一体基站，通过基站内生智能和高速路段的通信网元时空大数据分析，并结合神经网络深度学习模型，提升了智慧高速路况的感知能力，完成了对机场高速区域的全天候监测，实现了对低空无人机与高速车辆的轨迹实时感知和指定区域电子围栏告警等验证，保障了机场高速空域的安全。

（2）中国移动

① **低空多站连续组网的感知能力测试。**中国移动利用 ISAC 技术，基于 4.9GHz 频段，实现了对城市低空至 120 米高度范围内多个无人驾驶飞行器的有效探测和即时预警。该技术能够同时追踪多个目标、无缝监控无人机跨站跨小区的完整飞

行路径，并为马拉松赛事中的关键路段提供空中安全保障和预警服务。这也是全球范围内首次将 ISAC 技术应用于城市低空连续组网探测与预警系统，为低空飞行应用提供了前所未有的网络支持能力。

② **复杂城区环境下无人机一体化监管方案的验证。**中国移动融合通信、雷达和算力等多种技术，打破了传统通信的局限，通过发送和接收无线信号，分析其在传播中的变化，从而实现对目标物体的精确定位、速度测量和成像识别等多元化服务。

（3）中国联通

成功打造了全球首个 5G-A 通感一体的车联网连片组网试验区。该试验区覆盖了上海市嘉定区的两条主要道路，总长度近 5 千米，并实现了多站之间的协同感知，时延达到惊人的微秒级。

2. NTN

NTN 技术作为 5G 通信系统面向卫星通信和低空通信等新应用场景演进的重要技术，标志着 5G 技术应用从地面通信走向了空间通信。NTN 技术通过卫星通信网络与地面 5G 网络的融合，提供无处不在的覆盖能力，连通空、天、地、海多维空间，形成一体化的泛在接入网。

在全球范围内，多个国家和地区的电信运营商、设备制造商和研究机构都在积极投入资源，对 NTN 技术进行深入研究、部署和测试。

（1）联发科完成全球首次 5G NTN 卫星手机连线测试

联发科与罗德与施瓦茨（Rohde & Schwarz）公司通过合作共同展示了 5G NTN 技术的潜力，宣布完成了全球首次 5G NTN 卫星手机实验室连线测试，这项测试可以直接让智能手机通过卫星信号实现上网功能。

在 2023 年的世界移动通信大会上，联发科展示了其基于 3GPP NTN 标准的

MT6825 芯片组。这款芯片组让设备制造商能更加容易地将双向卫星通信技术整合到 4G 和 5G 设备，例如，智能手机扩展了通信覆盖的范围，特别是覆盖了偏远地区和通信信号难以到达的区域。

（2）是德科技与高通公司合作加速 5G NTN 通信

该合作旨在为偏远地区提供经济实惠的宽带网络连接。实验端到端 5G NTN 连接通过在高通公司的圣地亚哥实验室中构建低轨卫星模型，将是德科技的 5G 基站和航空航天仿真解决方案与高通公司 5G 移动测试平台相连接，完成端到端 5G NTN 连接。

（3）中国移动与产业伙伴合作完成全球首个电信运营商 5G NTN 技术外场验证

该试点工作验证了在满足 3GPP 协议的前提下手机直连卫星的可行性，实现了 5G NTN 端到端全链路技术贯通。同时，基于试点工作，中国移动也在探索 5G NTN 技术在车联网、泛在低空网联、电信运营商"出海"、应急救灾、大型交通工具宽带通信、海洋覆盖、偏远陆地覆盖等场景的应用前景。

（4）中国电信卫星公司完成 5G NTN 手机直连卫星外场验证

中国电信卫星公司牵头产业链合作伙伴完成了国内首次 5G NTN 手机直连卫星外场验证，成功实现了基于现网环境的 5G NTN 手机直连卫星空口上下行，连接功能、性能符合预期；解决了地球静止轨道卫星通信带来的频率同步、时间同步、时序关系增强等关键技术难题，取得了 5G NTN 技术落地的重大试验突破；验证了基于"天通一号"卫星移动通信系统现有的网络架构，在信关站侧接入 5G NTN 基站，并连接地面核心网，终端通过 S 频段连接"天通一号"卫星、信关站、5G NTN 基站、地面核心网，实现与地面网络的互联互通。

（5）中国联通公布 5G NTN 发展规划

中国联通开展星地融合频率研究、多轨道多链路"卫星 + 5G"网络融合技术研究、星地融合物联网研究和应用、"5G + 卫星互联网"网络融合研究和应用、面向 6G 的空天地网络泛在业务研究等一系列技术研究和试验。在天地融合标准研究方面，中国联通积极布局，尤其是在 ITU-T 星地融合领域主导牵头制定了星地融合策略控制、QoS、网络切片和自由空间光通信等关键国际标准，为卫星通信技术研究和标准体系构建奠定了基础。

3. P-IoT

（1）中国电信在上海完成 P-IoT 试点

通过在仓库屋顶部署 P-IoT 头端设备、在货箱上张贴标签，并结合温度传感器上报数据，可以完成对仓库内物品出入库情况的识别统计、温度监测和物料盘点，可以有效解决出入库盘点效率低、账实不一等问题，助力资产自动化管理。经评估，单房盘点可节约 12 万元 / 年，减少错拿导致废弃损失 15 万元 / 年。

（2）中国移动在广西完成 P-IoT 试点验证

通过采用符合当前标准的 5G-A 蜂窝无源芯片标签样机，将蜂窝技术和传统射频标签技术相结合，支持射频能量采集和反向散射等关键技术，对新型无源物联技术的覆盖范围、接收灵敏度、传输可靠性等基本指标进行了实地检验，支持基站和标签直连通信及中继通信，可应对更大范围、更复杂场景的组网和应用需求，实现精准盘存、连续覆盖、广地域使用等更多元化场景的部署。

4.2.3.2　频率使用分析

1. ISAC

ISAC 技术融合了通信和感知两种功能，旨在实现更高效、智能的无线系统。关于 ISAC 技术的频率范围，并没有一个固定的频率段，需要根据应用场景、技术演进、频率许可来进行选择。

① **传统低频**。Sub-6GHz 频段目前是 4G/5G 商用网络的主力频段，典型带宽是 20～100MHz。因为频段低，所以无线传播路径损耗小，覆盖距离远，主要用

于宏蜂窝室外覆盖。由于可用工作带宽有限，时间分辨率不高，目标定位和测距精度仅能达到 1～10 米量级，无法满足高精度定位和目标探测的需求。

② **毫米波频段**。3GPP 定义的 5G 毫米波频段范围为 24.25～52.6GHz，ITU 确认的 5G 毫米波的频谱范围为 24.25～27.5GHz、37～43.5GHz、66～71GHz 等频段，目前 170 多家电信运营商已经投资建设毫米波网络，超过 17 个国家和地区已商用 28 个毫米波网络，使用毫米波频段实现 ISAC 能力，将支持厘米级的探测需求，适用于短距离、高容量的通信和高精度感知。

③ **太赫兹（0.1～10THz）**。该频段被认为是实现 ISAC 技术的重要备选频段之一，介于毫米波和红外光之间。相比毫米波频段有更大的带宽和更小的波长，比较适合于高精度中近距离的通信感知场景，且其小波长的特征使其可以在很小的设备尺寸内集成足够多的天线，因此非常适合小型化的 ISAC 设备，易安装且易携带。从感知角度来分析，太赫兹带宽足够大，天线数足够多，可实现近距离场景下的超高精度定位和成像应用，且由于太赫兹对许多介电材料和非极性物质具有良好的穿透性，因此太赫兹频段也具有良好的穿透成像、材料探测、物品缺陷检测等能力。另外，许多有机分子的振动和旋转频率在太赫兹频段，可利用太赫兹识别分子结构并分析物质成分，且具有指纹般的唯一性。

④ **可见光频段（主要指 390~830THz 频段）**。该频段可用的频带宽度极宽，因此可以实现超高速的通信和超高精度的感知。目前，可见光频段的发射器件已经可以实现较高功率的输出，且发光和探测器件的尺寸更小，可以高密度集成，适合便携终端等场景。此外，可见光照明设施广泛存在，方便部署。

2. NTN

5G NTN 技术使用的频率取决于具体的频谱分配和应用场景，根据 3GPP R17 规范有以下场景。

① L 波段（n255）。该频段的上行频率范围是 1626.5～1660.5MHz，下行频率范围是 1525～1559MHz。这个频段适用于一些特定的卫星通信应用。

② S 波段（n256）。该频段的上行频率范围是 1980～2010MHz，下行频率范围是 2170～2200MHz。这个频段也常用于卫星通信，特别是在一些需要较高带宽和较低时延的应用中。

③ FR1 波段（也称为 Sub-6GHz 频段）。通常是指 450～6000MHz。5G NTN 系统在此范围内工作，特别是考虑手持设备的增强型移动宽带（enhanced Mobile Broadband，eMBB）服务。这一频段包括但不限于 n77、n78、n79 等频段。

④ FR2 波段。这是毫米波频段，覆盖 24250～52600MHz。虽然 FR2 更多地与地面毫米波部署相关联，但理论上也可以用于某些 NTN 应用，尤其是需要高数据速率的场景。

⑤ Ka 波段。NTN 可能使用 Ka 波段，这是一个更高频率的频段（约在 26.5～40GHz），适用于卫星通信，但会面临多普勒频移等挑战。

3. P-IoT

P-IoT 技术主要依赖于从环境中获取能量来支撑数据的感知、传输和分布式计算。在蜂窝网络中，通过反向散射技术实现 P-IoT，这项技术允许无源节点利用周围环境中已有的射频信号，例如蜂窝基站、Wi-Fi 等实现通信。然而，具体的频点使用情况会根据具体的技术实现和应用场景而有所不同。

4.2.3.3 终端商用

1. ISAC

（1）消费级手机

高通骁龙 X75 调制解调器及射频系统已支持 Sub-6GHz 频段的高级 5G 特性，这意味着搭载高通骁龙 X75 系列芯片的多款手机理论上能够支持更高效的通信与一定程度的感知功能相结合，但具体实现还取决于网络建设、终端软件版本升级等方面的因素。2024 年 3 月，中国移动宣布 5G-A 正式商用，OPPO Find X7 全系列产品率先支持 ISAC 技术。一般情况下，各大品牌的旗舰系列均会集成最新的通信技术，预计有更多品牌和型号支持 ISAC 业务。

（2）工业物联网模组

移远、广和通、芯讯通等公司的物联网通信模组，虽然不直接称为"通信感知一体"，但部分高端模组集成了丰富的环境感知传感器，配合 Sub-6GHz 通信能力，应用于智慧城市、智能物流等场景。西门子、霍尼韦尔、博世等工业自动化和物联网解决方案提供商提供集成了 ISAC 功能的工业物联网设备，包括传感器、执行器、控制器等，用于实现更智能的工业生产和自动化。

（3）车联网模组

高通 C-V2X 芯片组，例如 9150C-V2X 平台，专为车联网设计，支持 Sub-6GHz 频段，虽然主要聚焦于通信，但车载设备制造商可能会在此基础上整合感知功能，实现更复杂的 V2X 应用。欧洲大陆、德尔福、哈曼国际等汽车零部件供应商提供集成了 ISAC 功能的车载单元设备。

（4）智能路由器和网关

思科、华为、TP-LINK 等网络设备供应商提供集成了 ISAC 功能的智能路由器和网关产品。这些产品通常具有高性能的处理器、传感器和算法，以实现更智能的网络管理和控制。

（5）无人机通信模块

针对无人机的通信模块，例如华为、中国移动、中国电信等企业展示的无人机通信解决方案，期望在 Sub-6GHz 频段上实现 ISAC，但具体型号需要关注相关企业发布的最新信息。

（6）毫米波频段终端设备

据 GSA 统计，截至 2023 年 9 月，182 款宣布支持毫米波的终端中有 109 款商用，占所有商用 5G 终端的 6.2%。毫米波频段下集成 ISAC 技术的终端设备型号及其厂商虽然处于快速发展中，且技术较为前沿，但具体的产品型号和厂商信息不如 Sub-6GHz 频段普及或公开。

（7）无人机和无人系统

大疆无人机系统（例如 Mavic 3 Enterprise、Matrice 300 RTK）配备了高性能的通信和感知设备，尽管它们可能不直接提供 ISAC 解决方案，但可以通过集成第三方技术或定制开发来实现。

（8）太赫兹频段和可见光频段终端设备

太赫兹频段和可见光频段的 ISAC 技术仍处于研究和实验阶段，商业化终端设备相较于毫米波或 Sub-6GHz 频段较少，且具体到厂商和型号的信息较为稀缺。这是因为太赫兹技术在集成到终端设备时面临诸多挑战，包括组件小型化、成本、功耗及法规标准等。

2. NTN 终端

由于 5G NTN 技术的特殊性和复杂性，实际商用终端设备的推出通常伴随着技术的成熟度、监管审批以及市场需求的考量，5G NTN 技术的终端设备尚处于发展阶段，不过已有部分厂商开始展示或推出了相关技术的原型、样机或商用计划。

（1）卫星通信智能手机

MediaTek 与 Bullitt 合作的智能手机、联发科和 Bullitt 合作推出的支持卫星通信技术的智能手机摩托罗拉 defy2 和 CATS75 均采用了联发科 MT6825 3GPP NTN 芯片组，支持卫星通信服务。此外，联发科还分享了下一代 5G NTN 技术，以迎接未来支持卫星通信的新型设备。联发科认为，智能手机等设备上的双向卫星通信技术具有划时代的意义，在众多不同的垂直领域中可以开辟出更多可能性。

虽然苹果 iPhone14 系列本身并不直接支持 5G NTN 技术，但通过与特定电信运营商（例如美国的 T-Mobile）的合作，iPhone14 系列的用户可以在某些地区使用卫星紧急 SOS 功能。这一功能允许用户在没有地面通信网络覆盖的情况下，通过卫星发送紧急消息和位置信息。

华为 Mate60 系列借助中国电信的"天通一号"卫星，实现了卫星通话和双向北斗卫星消息功能。这一功能在无信号等极端场景下，能够帮助用户与外界取得联系。此外，华为 Mate60 系列还在继续探索卫星互联网功能，让用户在无信号、无 Wi-Fi 的情况下直连卫星上网。

中兴 Axon 40 Ultra 5G NTN 版是中兴通讯推出的一款支持 5G NTN 技术的智能手机。它具备强大的 5G 通信能力，并集成了卫星通信模块，能够实现地面和卫星的双模通信。这款手机适用于需要全球范围内无缝通信的用户，特别是在海上、空中等地面通信网络难以覆盖的区域。

在 2024 年世界移动通信大会上，联发科与罗德与施瓦茨公司合作展示了基于 5G NTN-NR R17 的非地面网络连接。这一技术使用了 3GPP R17 规范，展示了智能手机和其他 5G 设备如何直接与卫星服务相连。

（2）物联网设备类

芯讯通的高性能 IoT-NTN 卫星通信模组产品 SIM7070G-HP-S 适用于广覆盖、小尺寸、低功耗的核心需求物联网应用，并具备高度集成和易于部署的特点。常用于海事、运输、农业、能源等领域。

紫光展锐联合鹏鹄物宇率先完成全球首个基于 R17 IoT NTN 标准的 5G 卫星物联网上星实测，开启了基于 5G 的新一代卫星物联网服务模式，奏响了 6G 空天地一体化网络覆盖的序章。测试采用的卫星物联网终端基于紫光展锐 IoT NTN 芯片，通过 L 波段卫星，在预商用基站上完成了通信组网测试，并实现数据传输。

移远通信推出了 CC950U-LS、CC600D-LS、CC200A-LB 等卫星通信模组，这些模组旨在支持物联网终端通过卫星进行连接，尤其适用于海事、物流跟踪、远程监测等场景，虽然这些模组主要针对卫星通信，但随着 5G NTN 标准的推进，未来可能有更多兼容 5G NTN 的模组被推出。

广翼智联携手 Qualcomm 推出了基于 QCM4490 处理器和 212S 基带芯片的 5G NTN 卫星移动手持解决方案。虽然这是针对手持设备的解决方案，但也预示了 5G NTN 技术在物联网手持终端上的应用潜力，例如野外作业设备、应急通信工具等。

美格智能携手高通发布了突破性的 5G NTN 技术，旨在为卫星物联网应用提供解决方案，虽然具体设备型号未明确，但其合作方向指向了利用卫星宽带通信提供物联网服务的设备。

3. P-IoT

华为在 P-IoT 领域提供的产品主要包括 NB-IoT 模组、射频识别（Radio Frequency Identification，RFID）标签等，其 NB-IoT 模组在全球范围内得到了广泛应用，尤其在智慧城市、智能制造、智慧交通等领域。华为在 P-IoT 领域拥有较高的市场占有率，其强大的技术实力和市场竞争力使其产品在全球市场上具有较高的竞争力。

中兴通讯提供无线通信设备、光通信设备、智能终端等全系列产品，包括用于物联网领域的定制化通信解决方案。

新大陆科技集团有限公司是国内领先的集物联网核心技术、核心产品、行业应用和商业模式创新于一身的综合性物联网企业，提供一系列物联网终端设备，包括 RFID 读写器、手持终端等，以及基于这些设备的行业解决方案。

虽然小米在物联网领域的主要产品是智能家居设备，但其部分智能家居设备也集成了 P-IoT 技术，例如某些传感器和执行器。

英频杰（Impinj）是美国的一家 RFID 技术公司，提供包括无源 RFID 标签、读写器和软件在内的全套解决方案。

NXP Semiconductors 是荷兰的一家半导体公司，提供包括无源 RFID 芯片和模块在内的多种物联网产品。

4.2.4　演进路线

面向未来低空经济市场的蓬勃需求，需要立足通信网络的全新定位，推动低空经济综合信息服务平台与低空经济数字网络之间的协同发展，加速电信运营商多维（网络 + 运营）服务能力渗透，面向重点场景推出整体解决方案，分阶段构建低空经济网络信息服务能力集合。

第一阶段：技术和标准引领

① 基于 5G 及 5G-A 网络实现无人机管理闭环，具备初步统一的身份注册、分发、认证、权限管理体系。

② 提出基于低空经济业务的 ISAC 主动探测网络架构，验证"黑飞"探测能力。

③ 在国内外标准 / 行业组织主导推进建立标准规范体系。

第二阶段：架构和能力增强

① 构建面向低空经济数字系统的增强网络架构，在 5G 及 5G-A 网络中新增无人机系统网络功能及感知处理网元，实现信息及网络功能对外的高效开放，同时也可实现对无人机的感知及定位。

② 引入核心网智能化能力，推动网联无人机状态分析，在鉴权授权、航路规划、飞行服务保障等方面进行定向功能增强。

③ 边缘计算能力下沉、算力本地化可提供"业务运营 + 体验管理"网络解决方案，提高低空经济产业的效能，满足低空经济实际应用场景中的广域网络覆盖、

数据高隔离、安全保密、网断业不断等需求。

第三阶段：产业和能力升级

① 面向无人机集群，搭建多播、广播网络辅助无人机探测和避让，针对无人机避障通知等区域性的多播、广播业务，可以通过网络侧多播、广播技术实现对探测和避让消息的多播、广播。

② 构建具备精准感知定位能力的 ISAC 探测架构，形成成熟的信息基础服务能力集合。

③ 构建成熟的产业及通信标准，形成设备制造、通信组网、行业应用等多方面的标准及规范，全方位提升国际竞争力和产业影响力。

4.3 网络基础设施

大多数支持低空经济业务的网络基础设施基于现有的 5G 移动通信网的网络架构，面向低空经济业务需求，核心网、承载网及无线网的重点升级及优化工作主要包括支持新增的感知类或通感融合类业务、面向多类业务的端到端切片、低空经济领域针对性覆盖等内容。低空网络组网架构示意如图 4-4 所示。

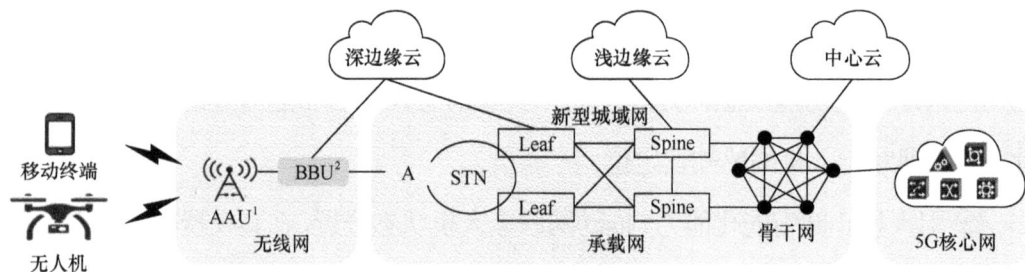

图4-4 低空网络组网架构示意

注：1. AAU（Active Antenna Unit，有源天线单元）。
　　2. BBU（Building Baseband Unit，室内基带处理单元）。

4.3.1　无线网

低空领域相关的无线网技术主要包括 ISAC、5G NTN 和物联网三大方面。

4.3.1.1　ISAC

ISAC 是指系统同时具备通信和感知两个功能。通过对多源数据进行实时感知分析，综合运用决策优化技术实现网络资源的优化配置，从而实现智能控制和管理。在信号传输过程中，ISAC 系统不仅传递信息，还通过主动认知和分析信道等特性，进而感知周围环境的物理特征。通信和感知频率选择存在差异，但随着无线技术的发展，频谱频段使用呈现趋同化，ISAC 系统将具备一体化发展的可能性。

从感知内容上，可以分为狭义的 ISAC 和广义的 ISAC：狭义的 ISAC 指系统具有测距、测速、测角、成像、目标检测、目标跟踪和目标识别等能力；广义的 ISAC 指具有感知一切业务、网络、周围物理环境的属性状态的系统。从感知方式上可分为主动感知、被动感知、交互感知。从通信和感知相互作用上可分为感知辅助通信和通信辅助感知两类：感知辅助通信以通信业务为主，感知为通信提供信道信息、目标特征等先验条件，以此来提升通信系统的能力；通信辅助感知以感知业务为主，通信为感知提供信息传递的纽带。当前研究的重点是感知辅助通信。

（1）通信感知一体化波形设计

从当前的研究情况来看，通信感知一体化波形设计有两个主要的研究方向：一是基于现有波形的一体化波形适配性研究；二是新型通信感知一体化波形设计及研究。基于现有波形的一体化波形适配性研究主要包括正交频分交用（Orthogonal Frequency Division Multiplexing，OFDM）、调频连续波（Frequency Modulated Continuous Wave，FMCW）等波形，希望通过分析这些波形的通信感知能力，创造出单一或者复合的波形，以满足通感融合的需求。

5G 通信采用的 OFDM 调制方式会导致较高的波形峰均比和旁瓣特性，会对信号检测造成较大的干扰，限制了信号的感知能力。为了改进信号的感知性能，目前主要采用恒包络波形设计，在不产生信号失真的前提下使可用功率发射信号最大化，并降低频谱空间谱的旁瓣水平，从而减少目标检测的误检率。雷达信号中线性调频（Linear Frequency Modulation，LFM）波形常作为感知信号进行目标跟踪检测，为了通信一体化波形设计，可以将通信信号嵌入 LFM 这种波形的时频域中，或者利用信号旁瓣波束来发送通信信息，这类波形能够携带的数据信息量是有限的，可能导致通信速率低、频谱效率低的问题，因此受限于低速数据传输的场景。

新型通信感知一体化波形设计目前还在研究的初期阶段，目前，国内外专家在通信感知一体化波形设计上主要从通信和感知的交互信息最大化方面进行考虑，并发展出多种候选波形，例如多载波波形、调制连续波、单载波波形、正交时频空调制。以上波形各具特点，适用于不同的应用场景，多载波波形特别是 CP-OFDM 波形，凭借其频谱效率高、可扩展性强、灵活性高等特点成为通信领域主流波形，将其应用于感知领域时，需要解决循环前缀可能导致的时域自相关恶化的问题；调制连续波常用于雷达系统中，具有自相关性能强、对硬件失真的高鲁棒性和低峰均比等特点，感知性能优异，但为了满足通信需求，需要进一步改进连续波；单载波波形是对雷达和通信信号的扩频处理，长扩频码能够提供良好的自相关性，但会降低通信的频谱效率；正交时频调制使用二维傅里叶变换，将数据由传统的时频域变换到时延多普勒域，并由传统的 OFDM 调制器进行传输，这种波形在通信感知性能上表现出良好的潜力，但在多输入多输出兼容性、复杂度、带外泄露、相噪抑制、定时误差、鲁棒性等方面还需要进一步研究。

（2）波束赋形技术

通信感知一体化波形设计在 ISAC 系统中扮演着重要角色，它通过调整阵列天线的波束方向来提升通信速率和感知精度。雷达感知需要时变扫描波束以覆盖更广泛的区域，而通信则要求稳定、指向性强的波束以保证通信质量。毫米波波束赋形系统使用模拟阵列或数字模拟混合阵列来降低硬件复杂度、功耗和成本，但这些系统通常使用量化的移相器，会导致波束赋形矢量的量化误差，从而影响波形的匹配和增益。此外，波束赋形算法中的数学模型通常将天线阵元简化为理想的点源天线，而毫米波天线阵列的阵元具有方向性和互耦影响，这会导致算法性能下降。针对这些挑战，专家们提出了多种方案。例如，通过多波束方案同时支持通信和感知；利用两个模拟阵列的波束形成设计以优化两者的性能；设计快速波束对准和跟踪算法来保障通信质量并实现目标追踪。在用户侧回波信噪比较强的场景下，例如，当感知目标靠近用户时，可采用用户辅助的方式来提高感知资源的利用率和实时性。系统通过用户在通信和感知阶段之间的感知触发判断阶段，利用用户反馈的信息来筛选合适的感知波束集，从而提高感知的精度和效率。

（3）干扰消除技术

ISAC 系统同时传输通信和感知信号，虽然提高了频谱的利用率和灵活性，但也引发了自干扰和交叉干扰的问题，需要采用干扰消除技术来抑制并消除干扰。通信感知化干扰消除包括硬件干扰消除和算法干扰消除。

硬件干扰消除主要通过以下 3 种方式进行。

① **天线自干扰消除。** 当收发天线共用一根天线时，可以在收发天线之间增加环形器，控制信号从一个端口进入，从另外一个端口输出，增加收发天线之间的隔离度，对于多天线可以选择适当的天线摆放方式。

② **射频自干扰消除技术**。直接耦合射频自干扰消除技术从发射端的射频通道直接耦合出一部分信号作为参考信号，通过调整参考信号参数，重建与自干扰信号相位相反的信号，在接收端与自干扰信号相加进而抵消；间接耦合射频自干扰消除技术根据自干扰信号来估计数字域信号特征，使用额外一条射频链路产生与自干扰相近的射频信号，最后在接收端射频链路上互相抵消。

③ **数字自干扰消除技术**。在模数转换器之后的数字域再次消除干扰，包括自干扰估计与重建、自适应滤波和非线性消除 3 类。

算法干扰消除包括差分法、子空间分解法等，针对的干扰信号包括单站感知中隔离度不够造成的干扰，以及多站感知中视距路径引入的干扰成分。在模拟消除阶段，利用发射模拟信号的多路时延和幅度叠加控制来最大化消除自干扰信号，并限制时延，以保留有用信号。总之，通信感知一体化干扰消除技术需要综合考虑波束赋形、模拟消除和数字消除等多种手段，以智能化的手段高效管理，实现协同增强的目标。

（4）定位与环境重构技术

无线基础设施提供数百万个地面锚点，无论是在室内还是室外，无论天气是晴朗还是恶劣，无论物体是静止还是移动，移动网络终端都可以实现数十米级别的定位精度。通信感知定位系统的节点按照功能不同可以分为普通节点和锚节点。随着无线通信的频段不断提高，天线阵列的规模逐渐增大，网络部署更加密集，无线通信系统的感知能力得到了极大提升，因此，ISAC 技术的演进受到了极大的关注。在通信系统波束扫描或者信道估计阶段可以获得包括到达角度（Angle of Arrival，AoA）、离开角度（Angle of Departure，AoD）、到达时间（Time of Arrival，ToA）、接收信号强度（Received Signal Strength，RSS）等多径测量参数，利用这些参数可以在不产生额外开销的情况下进一步实现环境感知功能。由于无线传输环境复杂多变，复杂的多径传输和多样的无线干扰使单次测量难以获得全部的环境信息。一个可行的解决方法是通过多个时刻获得的测量值将常用的 Single-Shot 感知方法转变为 Multi-Shot 感知方法。同时，SLAM 即为一种基于 Multi-Shot 的感知算法，SLAM 利用环境中地标位置和状态（环境特征）的不变特性，通过时间的累积，获得对环境特征的估计，并同时追踪用户自身的位置。无线传输环境中具有地标特性的部分可以被抽象成环境特征。现有研究考虑到光滑墙面等镜面反射表面，将经过墙面反射的一次反射路径看成从基站相对于墙面的镜像发射的直射信号，因此，环境特征被抽象成基站和基站镜像（虚拟基站）的位置，SLAM 的目标在转化成获得用户位置的同时，估计环境中的基站和虚拟基站的位置。环境特征对通信和定位均有帮助，例如，移动用户基于基站和虚拟基站的位置，可以直接将波束指向相应的基站和虚拟基站，能够大幅降低波束训练的开销；当基站和虚拟基站位置已知时，多点定位也得以实现。因此，构建包含基站和虚拟基站位置信息的环境地图具有重要意义。

（5）参数估计技术

通信感知一体化场景下的感知任务包括对目标进行测距、测角、测速，以及面向应用的模式识别，例如目标和行为的识别、分类等。感知参数估计是一个非线性问题，因此大多数经典的线性估计器已不再适用。常用的参数估计方法包括周期图方法（例如二维或三维傅里叶变换，即 2D/3D-FFT）、空域滤波器（例如 Bartlett 滤波器）及最小方差无失真响应滤波器（Minimum Variance Distortionless Response，MVDR）、基于子空间的频谱分析技术（例如多重信号分类，即 Multiple Signal Classification，MUSIC）、期望最大化类（Expectation-Maximization，EM）技术、压缩感知（Compressed Sensing，CS）以及张量工具等。这些技术具有不同的估计性能和算法复杂度，广泛应用于雷达及图像处理领域。此外，为了使通信业务的收发两端进行预编码 / 波束赋形，以及接收机正确进行数据解调等，需要进行信道估计。常用的信道估计算法包括最小二乘（Least Squares，LS）法、最小均方误差（Minimum Mean Square Error，MMSE）法、最大似然估计（Maximum Likelihood，ML）法及针对以上算法的改进算法等。在通信感知一体化场景下，通信和感知参数联合估计有助于节省通信系统资源的开销，提高系统通信感知的效率。

（6）信号融合技术

感知可视作通过传输来自另一节点的无线射频信号，将通信媒介的信息进行传递的一种特殊的通信。换言之，无论是数据信号还是导频信号，无论信号（无线资源）被设计（分配）用于何种目的，经由通信媒介（信道）传输后，都成为带有媒介的信息（感知信息），从而具有被进一步处理、加工以用于感知的可能性。基于上述思路，通信辅助感知的一体化信息融合技术基本原理是：在利用导频 / 参考信号进行感知的同时，从原本用于通信的数据信号中提取感知信息，并将两种信号中的感知信息融合，使导频和数据这两种信号都能被充分利用来实现感知功能。利用感知信息融合技术，可提高资源的利用率，实现感知信息的连续积累，并且在不有损通信性能的前提下提升感知的性能。具体而言，为了实现利用通信信号辅助增强感知功能这一目的，可采用基于非数据辅助（Non-Data-Aided，NDA）技术的通信感知一体化方法。NDA 技术是一项不依赖于导频信号，而是使用接收到的未知数据信号中的符号，提取与感知、定位、同步相关参数信息的技术，它可以被用于从数据信号中提取感知信息，这些信息将与从导频序列中提取的感知信息结合起来，用于实现感知功能。

根据信号处理阶段的不同，从 3 个层面实现感知信息融合：第一个层面是两种信号中的感知信息在信道参数估计环节融合；第二个层面是两种信号中的感知信息在感知参数估计环节的融合；第三个层面是两类信号的直接融合。通过上述 3 个层面的信息融合，不仅传统的导频信号可以用于感知，大量未知数据信号中的感知信息也能被充分挖掘，使所有信号资源都可以被利用以实现感知，从而在保证通信性能的前提下增强感知性能，将二者在资源利用上的竞争转为合作，实现通信辅助感知的效果。

4.3.1.2　5G NTN

NTN 技术是 5G 通信系统中的一个重要发展方向，它旨在将 5G 的覆盖范围从传统的地面网络扩展到包括卫星和低空通信等更广阔的空间通信场景，是低空经济的重要组成部分。5G NTN 与传统地面 5G 网络的差别在于网络架构、时频同步、HARQ 及移动性管理等。随着 5G NTN 技术的不断发展，3GPP R18 继续对 NTN 进行了增强和优化，通过进一步优化网络架构，提高了 NTN 的覆盖范围和容量；采用更先进的时频同步技术，降低长距离传输对通信性能的影响；优化HARQ 机制，以进一步提高数据传输的效率和可靠性。未来，随着 6G 技术的发展，空天地一体化通信系统将成为可能。这将实现地面、低空和卫星之间的无缝连接和高效通信。通过对 5G NTN 技术的研究和标准分析，可以为后续 6G 空天地融合系统的研究和设计提供基础。

（1）时频率同步补偿

基于透明转发的 NTN，终端和地面网关的链路包含终端到卫星的服务链路和卫星到地面网关的服务链路两个部分，并且从结构上引申出两种方法：第一种是终端的上行定时补偿仅包括服务链路，此种方法的优点是终端无须补偿馈电链路，考虑到安全保密，终端通常无法获取地面网关的位置；第二种是终端的上行定时补偿，包括服务链路和馈电链路，此种方法的优点是基站侧定时点是固定的，终端补偿全部的链路时延，要求终端获取馈电路的时延变化。为了综合两种方法的优点，专家们提出了一个折中方法，即定义一个参考点，由网络指定终端补偿时延的数值：当参考点在地面网关时，终端补偿全部时延；当参考点在卫星时，终端只补偿服务链路的时延。对于低轨卫星移动系统，多普勒频率补偿是关键的技术问题，考虑到透明转发的情景，多普勒变化影响服务链路和馈电电路，从 UE 的角度来看，服务链路可以通过星历信息和终端位置信息进行补偿计算，对于馈电链路，需要基站进行补偿计算。无论是定时补偿还是多普勒补偿，终端都需要网络提供广播星历，星历的精度和格式是影响准确率的关键因素，NTN 系统要求时间同步误差在 1/2 循环前缀（Cyclic Prefix，CP）范围内，频率误差在 0.1×10^{-6} 内。

（2）定时关系增强

5G 对于定时关系有着严格要求，上行必须保持同步，NTN 中卫星地面通信时延过高，远超地面网络相关定时参数的最大指示范围，为了不影响标准的兼容性，引入新的 K 值偏移量，此偏移量在下行链路控制信息（Downlink Control Information，DCI）物理上行共享信道调度（Physical Uplink Shared Channel，PUSCH）传输的定时关系、随机接入响应（Random Access Response，RAR）调度 PUSCH 传输的定时关系、物理下行共享信道（Physical Dplink Shared Channel，PDSCH）到 HARQ 反馈的定时关系、参考信道状态信息（Channel State Information，CSI）资源的定时关系、非周期探测参考信号（Sounding Reference Signal，SRS）定时关系、介质访问控制层（Media Access Control Layer，MAC Layer）控制单元承载的时间提前量（Time Advance，TA）命令的生效时间、物理下行控制信道（Physical Downlink Control Channel，PDCCH）调度物理随机接入信道（Physical Random Access Channel，PRACH）传输定时关系中都有体现。

（3）HARQ 重传

在 NTN 中，卫星和地面间时延过高，对于地球静止轨道（Geostationary Earth Orbit，GEO）和中地球轨道（Medium Earth Orbit，MEO）网络，HARQ 进程数过大导致 UE 缓存能力受到限制。NTN 需要具有配置 UE 是否关闭 HARQ 的反馈重传功能的能力，并且给予终端能力的考虑，确定最大仅支持 32 个进程。对于下行链路可以启用或者禁用 HARQ 反馈，但在用标准定位服务去激活的场景下，要求始终发送 HARQ 反馈；对于上行链路的动态授权，网络可以为 UE 的每个 HARQ 过程配置上行 HARQ 状态，确定是允许重传或非重传模式。

（4）寻呼和空闲态管理

卫星运动会触发频繁的寻呼跟踪区更新（Tracking Area Update，TAU）问题，针对这个问题，NTN 提出了固定跟踪区域的概念，跟踪区域码固定在地面，小区在地面扫描过程中到达计划的固定跟踪区域时，广播的跟踪区域码发生变化，这个方式能够解决卫星运动频繁触发 TAU 的问题，同时也带来了小区的系统消息更新或者寻呼周期新问题。为解决此问题，在传统的硬跟踪区更新的基础上引入软跟踪区更新方案，在小区中针对每一个公共陆地移动网（Public Land Mobile Network，PLMN）广播采用多达 12 个以上的跟踪区域码，系统信息中的寻呼跟踪区域码（Tracking Area Code，TAC）变化受网络控制。

（5）移动性和业务连续性增强

移动性和业务连续性增强方面有多种优化机制可供考虑，第一个方面是基于 UE 位置上报切换的决策和实施，基站侧如果能够获得相对精准的 UE 位置信息，基站可以直接基于 UE 的位置和自身覆盖的情况来进行卫星切换。第二个方面是基于双激活协议栈（Dual Active Protocol Stack，DAPS）的切换，先和目标小区建立连接，可以进一步减少切换的时延。第三个方面是基于双连接（Dual Connectivity，DC）的切换，可以在提升用户的吞吐量的同时缩减频繁切换业务所造成的时延。

4.3.1.3　物联网

物联网要实现物与物之间的感知、识别、通信等功能，物联网分为感知层、网络层和应用层3层体系结构。

① **感知层。** 感知层可以实现物与物和人与物的通信，负责采集物和物相关的信息，关键技术主要有传感器技术和短距离传输网络技术，包括 RFID、GPS、传感器网络、短距离无线通信等。

② **网络层。** 异构融合的泛在通信网络，包括现有的互联网、通信网等，是物联网的神经系统，对采集到的物体信息进行可靠的传输和处理。网络层是基于现有通信网和互联网建立起来的，它要根据感知层的业务特征，优化网络特性，从而实现更好的物物通信互联。关键技术既包含通信技术，例如移动通信技术、有线宽带技术、Wi-Fi 通信技术等，也包括终端技术，例如网桥设备、通信模块等。

③ **应用层。** 应用层面向各类应用，完成信息的存储、数据的挖掘、应用的决策等，为手机、计算机等各种终端设备提供感知信息的应用服务。物联网的应用场景非常广泛，例如智能家居、智能交通、工业监测、可穿戴设备等。应用层涉及信息存储、分布式计算、中间件、数据挖掘等多种技术，而云计算作为一种虚拟化、海量数据的存储和处理平台，是未来物联网的重要组成部分。

4.3.2　核心网

4.3.2.1　5G 核心网系统架构

按照 3GPP TS 23.501，5G 核心网系统架构以基于服务化架构（Service-Based Architecture，SBA）理念为基础。5G 核心网系统架构如图 4-5 所示。

5G 核心网控制面功能以服务为基础，进行服务的注册、发现和验证。在 SBA 下，控制面功能同时充当服务的生产者和消费者，相互之间只能通过生产者提供的统一接口进行访问。SBA 提升了系统功能的可复用性，简化了业务流程，参数传输效率进一步优化，整体网络控制更加灵活。

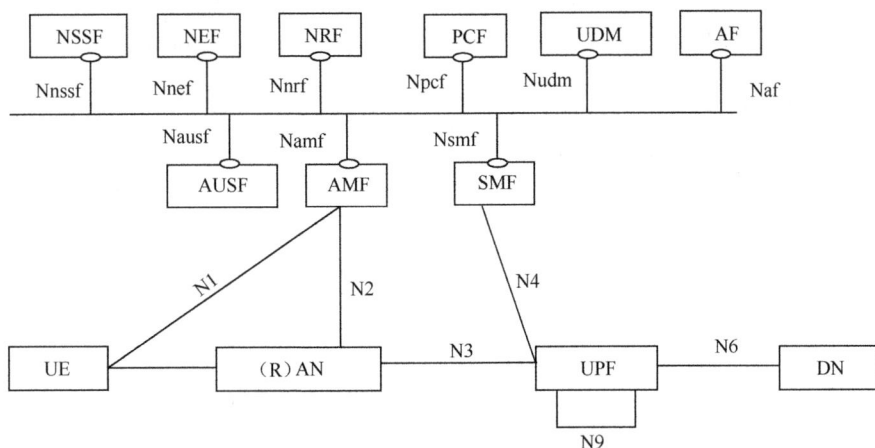

图4-5 5G核心网系统架构

5G 核心网具有以下 6 个主要特征。

① 实现了控制面和承载面的完全解耦，每个层面均可以独立扩容或升级，互不影响。

② 控制面采用服务化体系结构，接口统一，简化了工作流程。

③ 利用虚拟化技术，将硬件与软件解耦，支持计算和存储资源的动态配置。

④ 支持网络切片技术，按需对网络进行灵活、快捷配置。

⑤ 支持边缘计算技术，可以实现低时延、高带宽等创新服务的部署。

⑥ 支持 SDN，可以实现网络的灵活编排。

4.3.2.2 网元功能

5G 核心网系网元的功能概述见表 4-1。

表4-1　5G核心网网元的功能概述

网元简称	网元全称	中文名称	功能描述
（R）AN	（Radio）Access Network	（无线电）接入网	网络接入功能
AF	Application Function	应用功能	通过与5G核心网的统一接口提供服务
AMF	Access and Mobility Management Function	接入和移动性管理功能	完成非接入层（Non-Access Stratum，NAS）的信令处理、移动性管理、连接管理、附着管理、接入认证鉴权等
AUSF	Authentication Server Function	鉴权服务功能	支持3GPP/非3GPP用户的接入鉴权
DN	Data Network	数据网络	支持互联网应用、运营商应用及第三方服务
NEF	Network Exposure Function	网络开放功能	将5G核心网的信息或业务提供给内部或外部应用，满足不同应用场景的定制化需求
NRF	Network Repository Function	网络存储功能	存储5G核心网各网络功能（Network Function，NF）的信息，接收和处理NF发现请求
NSSF	Network Slice Selection Function	网络切片选择功能	为UE提供网络切片实例集，选择网络切片选择辅助信息（Network Slice Selection Assistance Information，NSSAI）和AMF Set
PCF	Policy Control Function	策略控制功能	为会话选择策略规则
SMF	Session Management Function	会话管理功能	负责UE IP地址分配和管理、会话管理、选择和控制UPF、配置UPF的流量路由、计费信息采集等
UDM	Unified Data Management	统一数据管理	存储并管理用户签约数据
UE	User Equipment	用户设备	5G终端
UPF	User Plane Function	用户面功能	负责分组路由和转发、用户面策略执行、QoS调度、流量报告等

4.3.2.3　接口介绍

（1）基于服务的接口

5G核心网系统架构中服务化接口（Service-Based Interface，SBI）见表4-2。

表4-2　5G核心网系统架构中服务化接口

序号	接口名称	归属网元
1	Naf	AF
2	Namf	AMF
3	Nausf	AUSF

序号	接口名称	归属网元
4	Nnef	NEF
5	Nnrf	NRF
6	Nnssf	NSSF
7	Npcf	PCF
8	Nsmf	SMF
9	Nudm	UDM
10	Nudr	UDR

（2）网元之间的接口

5G 核心网系统架构中各网元之间的接口如图 4-6 所示。

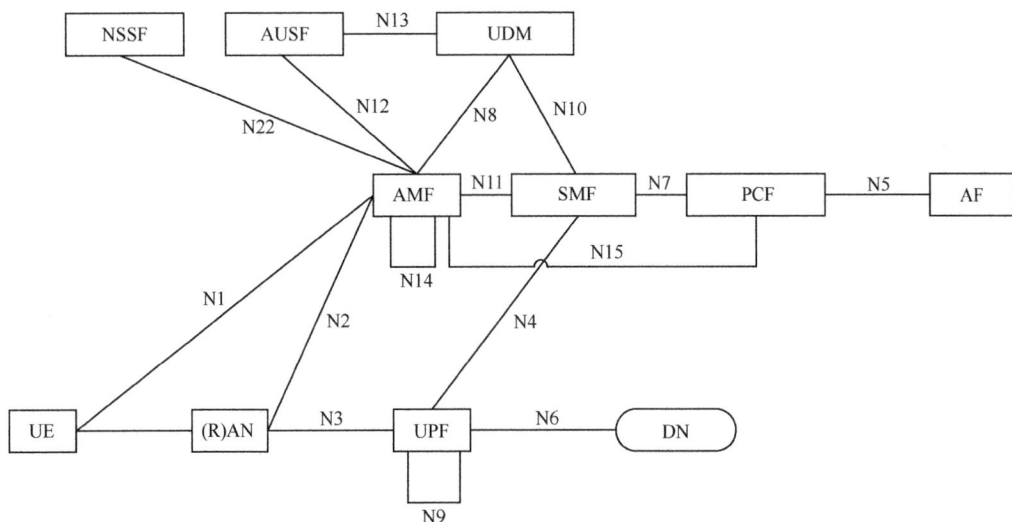

图4-6　5G核心网系统架构中各网元之间的接口

5G 核心网架构中各网元之间的接口见表 4-3。

表4-3　5G核心网架构中各网元之间的接口

序号	接口名称	接口说明
1	N1	UE-AMF
2	N2	（R）AN-AMF

序号	接口名称	接口说明
3	N3	（R）AN–UPF
4	N4	SMF–UPF
5	N5	PCF–AF
6	N6	UPF–DN
7	N7	SMF–PCF
8	N8	UDM–AMF
9	N9	UPF–UPF
10	N10	UDM–SMF
11	N11	AMF–SMF
12	N12	AMF–AUS
13	N13	UDM–AUSF
14	N14	AMF–AMF
15	N15	PCF–AMF
16	N16	漫游地 SMF– 归属地 SMF
17	N22	AMF–NSSF
18	N24	漫游地 PCF– 归属地 PCF
19	N27	漫游地 NRF– 归属地 NRF
20	N31	漫游地 NSSF– 归属地 NSSF
21	N32	漫游地 SEPP– 归属地 SEPP
22	N33	NEF–AF
23	N35	UDM–UDR
24	N36	PCF–UDR
25	N37	NEF–UDR

4.3.2.4 关键技术

1. NFV 技术

（1）NFV 系统架构

NFV 旨在利用虚拟化技术，建立一种以通用服务器为基础的新型体系结构，使网络功能摆脱传统的专用硬件，以软件方式部署，从而实现对网络资源的柔性配置，增强网络的通用性与适应性，加快网络的部署与调整。NFV 系统架构如图 4-7 所示。

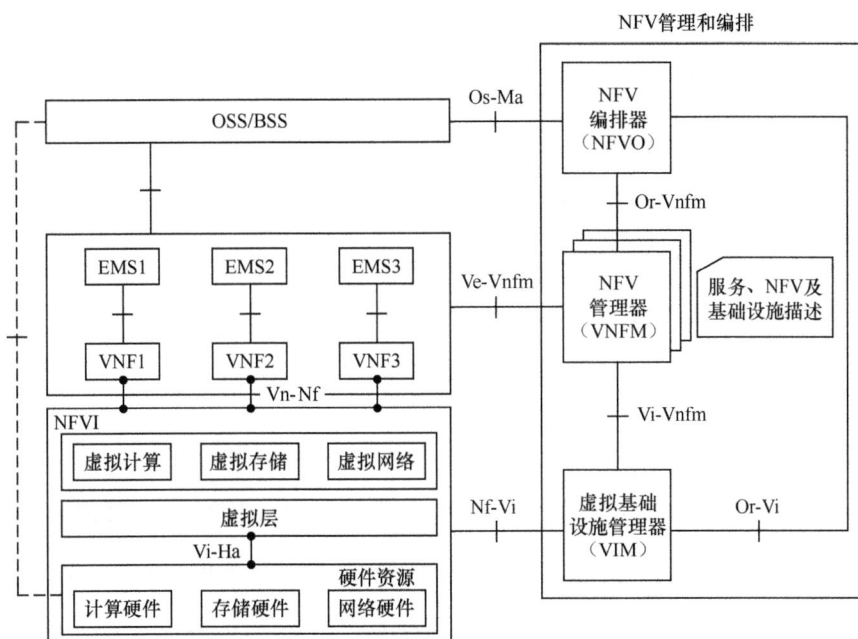

图4-7　NFV系统架构

NFV 系统架构包括 4 个模块。

① NFV 基础设施层（NFV Infrastructure，NFVI）。其核心功能是为虚拟网络中各个功能模块的部署、管理和运行提供云计算资源池。其中，硬件资源主要有计算、存储、网络等；软件主要由虚拟机管理器、网络控制器、存储管理器等组成。NFVI 将物理的计算、存储、网络资源进行虚拟化和池化，供上层网元功能使用。虚拟化技术通过软硬件分离，极大地提升了资源供应的效率，将网元的部署时间由几天缩减至几分钟，为新业务的迅速上线奠定了基础。云计算通过对虚拟资源的管理，使网络具有可伸缩性，增强了网络的灵活性，实现了资源与业务负载的

有效匹配，从而提升了资源使用的效率。

② NFV。NFV 由虚拟网络功能（Virtual Network Function，VNF）和网元管理系统（Element Management System，EMS）两个部分组成。一个虚拟网元的 VNF 可以理解为一个传统的物理网元。NFVI 为 VNF 提供所需的虚拟计算 / 存储 / 网络资源。根据 VNF 的资源需求，一个 VNF 可以在一个或多个虚拟机上部署。EMS 可以实现 VNF 的配置、告警、性能分析等管理功能。

③ NFV 管理和编排（Management & Orchestration，MANO）。MANO 包括 NFV 编排器（NFV Orchestrator，NFVO）、VNF 管理器（VNF Manager，VNFM）和虚拟基础设施管理器（Virtualized Infrastructure Manager，VIM），部署、调度、维护和管理虚拟网络，建立可管理、可控制、可操作的业务支撑体系。NFVO 负责编排、维护和优化全网的物理 / 虚拟资源和策略，并与 VNFM 协同，支持 VNF 的全生命周期管理，并生成资源的全局视图。VNFM 接收 NFVO 下发的相关策略，实现 VNF 的全生命周期管理，例如管理虚拟网络功能描述符（Virtualized Network Function Descriptor，VNFD）、初始化 VNF 实例、VNF 扩 / 缩容、终止 VNF 实例等。VNFD 是一种配置模板，用于描述 NFV 的部署与操作行为。VIM 负责 VNF 的虚拟资源配置，管理硬件资源和虚拟化资源，监测并报告故障，并为 VNFM 和 NFVO 提供虚拟化的资源池。VIM 通常随资源池配置，VNFM 由 VNF 制造商提供，而 NFVO 通常由运营商自己建设。

④ 运营支撑系统（Operation Support System，OSS）/ 业务支撑系统（Business Support System，BSS）。基于现有 OSS/BSS，针对 NFV 技术进行相应的优化。

（2）NFV 系统主要接口

NFV 系统的主要接口如下。

① Vi-Ha（Virtualization Layer-Hardware Resources）。提供硬件层与虚拟层的通道，使硬件能够根据 VNF 的需求进行资源分配；同时，采集底层硬件运行数据并将其上传至虚拟平台。

② Vn-Nf（VNF-NFV Infrastructure）。描述 NFVI 为 VNF 所设计的虚拟硬件，该接口不包括任何协议，仅对云计算基础设施和网络功能进行逻辑划分，使架构具有灵活性。

③ Or-Vnfm（Orchestrator-VNF Manager）。承载 VNFM 和 NFVO 之间的信息流，包括资源请求、预留、分配和授权等；给 VNFM 发送预配置信息；收集 VNFM 发来的各 VNF 生命周期的状态信息。

④ Vi-Vnfm（Virtualized Infrastructure Manager-VNF Manager）。承载 VNFM 和 VIM 之间的信息流，主要是把 VNFM 的资源请求信息下发到 VIM，以及 VIM 把虚拟硬件资源配置和状态信息上报给 VNFM。

⑤ Or-Vi（Orchestrator-Virtualized Infrastructure Manager）。完成 NFVO 的资源请求信息下发工作，以及 VIM 把虚拟硬件资源的配置和状态信息上报给 NFVO。

⑥ Nf-Vi（NFVI-Virtualized Infrastructure Manager）。主要负责把 VIM 接收到的资源请求信息传递给基础设施层，完成硬件资源配置，以及把基础设施层的状态信息上报给 VIM。

⑦ Os-Ma（OSS/BSS-NFV Management and Orchestration）。实现 VNF 和 NFVO 之间的信息交互，包括各网元生命周期信息、NFV 有关的状态配置信息、管理配置策略和 NFVI 运行数据信息等。

⑧ Ve-Vnfm（VNF/EM-VNF Manager）。实现 VNFM 与 VNF 之间的信息交互，包括网元配置信息、生命周期状态信息等。

（3）NFV 系统部署方式

NFV 技术通过对硬件和软件的解耦，实现了网络设备的开放性，硬件和软件可以自主演进。根据软硬件解耦方式的不同，可以将集成策略分为 4 种方案。NFV 部署方案示意如图 4-8 所示。

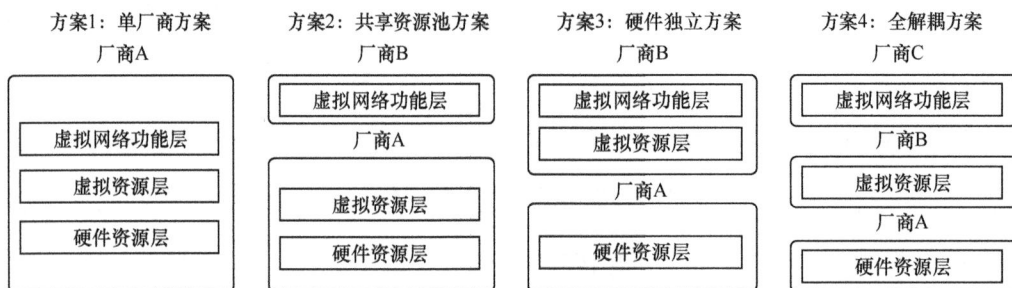

图4-8　NFV部署方案示意

① **方案 1：单厂商方案。** 方案 1 的优势在于能够快速实施，系统性能、稳定性和可靠性均较高，无须与其他厂商进行互联测试和集成。劣势在于与制造商绑定，存在软硬件一体化、封闭的问题，系统配置不够灵活，不利于自主创新和迭代升级。

② **方案 2：共享资源池方案。** 方案 2 采用 IT 化的思维，NFVI 选用最佳的硬件平台与虚拟化产品，VNF 解耦部署在统一管理的 NFVI 上，不同厂商的 VNF 可灵活配置、可混用、可互通和可集约管理。

③ **方案 3：硬件独立方案。** 方案 3 的基础设施全部采用通用硬件，并与虚拟化层软件解耦，由 VNF 制造商提供虚拟化层软件及应用软件。

④ **方案 4：全解耦方案。** 方案 4 的优势在于能够实现通用化、标准化、模块化和分布式部署，同时，一些核心模块还可以根据需要，进行定制化开发，快速形成市场竞争力，有利于实现规模化应用。劣势在于需要多家厂商进行互通测试，对集成开发能力有很高的要求，而且部署周期长，后期运营难度大。该方式对接

口的开放性和标准化、集成商和运营商的技术水平均提出了更高的要求。

运营商可结合自身的技术实力、建设成本等因素，选择合适的集成方案。

2. 切片技术

（1）网络切片的概念

5G三大应用场景分别为增强移动宽带（enhanced Mobile Broadband，eMBB）、大规模机器类通信（massive Machine Type Communication，mMTC）及超高可靠低时延通信（ultra-Reliable and Low Latency Communications，uRLLC）。eMBB侧重5G通信技术高带宽特性，在对带宽需求巨大的应用场景中，该特性将保证高效的数据传输服务，实现超高清视频、VR/AR[1]和高速移动环境的极致体验。mMTC体现5G时代万物互联的特点，其核心技术是边缘计算及物联网等，支持每平方千米的百万连接。uRLLC主要用于对通信可靠性及时延要求较高的场景，例如无人驾驶、工业自动控制、手术机器人等。三大应用场景在速率、覆盖、容量、QoS、安全等方面均有不同的要求，不同的场景下还会衍生出多种不同的应用场景，对网络功能、系统性能、安全性和用户体验等方面的服务要求也是不同的。

若以传统方式建立多个专用网络来承载，则必然会造成网络效能的极大浪费。若采用传统的单一网络来承载多个业务，又会带来用户体验差、管理效率低、网络结构异常复杂和网络运营困难等诸多问题。为此，"网络切片"的概念应运而生，即在同一5G网络基础设施上，根据不同的商业场景和商业模式，采用虚拟化的方法，将资源与功能进行逻辑划分，剪裁定制网络功能，管理与编排网络资源，生成多个独立的端到端的虚拟网络，为不同的应用场景提供彼此隔离的网络环境，实现对不同应用场景的个性化定制。每张虚拟网络，包括核心网、承载网和无线网，彼此独立，

---

1 AR：Augmented Reality，增强现实。

互不干扰。

一个网络切片可以视作 5G 网络的一个实例。网络切片可以实现应用场景、网络功能及网络资源之间的匹配，满足用户的个性化需求。每种应用的资源是独享的，和其他应用之间完全隔离。而事实上，这些应用共用一张 5G 网络，从而有效利用网络的规模效应提升物理资源的利用率，降低网络的资本性支出和运营成本。

（2）网络切片的特点

网络切片能够针对特定应用场景的不同需求，为租户提供最优的网络解决方案，其具有以下 4 个特点。

① **安全性**。采用网络切片技术，将各切片所占据的网络资源相互隔离，各切片的负载、拥塞、配置等信息不受其他切片的干扰，在保证网络安全可靠的前提下，增强网络的鲁棒性。

② **动态性**。若用户临时提出某些特定的业务需求，采用网络切片技术可以快速实现资源的动态配置。

③ **弹性**。为适应用户规模及业务需求的动态性，网络切片具有柔性的扩展能力，例如对多个网络切片进行组合、重构网络切片等。

④ **最优化**。针对不同的业务场景，对网络功能进行差异化的剪裁与柔性组网，以达到业务流程和数据路由的最优。

（3）网络切片的分类与部署

5G 核心网主要是基于网络架构服务化、网元功能虚拟化和硬件平台通用化等技术实现网络切片的。作为网络切片的关键组成部分，核心网切片本质上是根据不同垂直应用的业务需求，提供定制的核心网功能部署方案，制定各 VNF 的共享隔离模式，包括完全隔离、部分隔离和完全共享。不同的 VNF 共享策略，将带

来不同的网络隔离度、业务差异性和组网复杂度。核心网切片分类示意如图 4-9
所示。

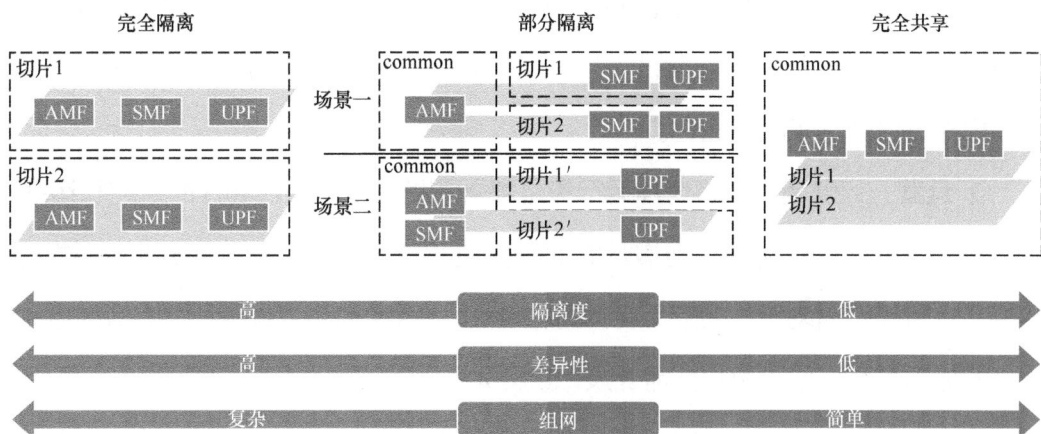

图4-9　核心网切片分类示意

① **完全隔离模式。**每个切片分配完全独立的资源，这种模式资源隔离性最高，
服务质量保证最好，适用于对资源需求高且对服务质量要求极为严格的应用。

② **部分隔离模式。**每个切片中部分资源是独占的、部分资源是多个切片共享
的，这种模式比完全共享模式隔离度高，资源可以得到较好的保证。

③ **完全共享模式。**多个切片共享网络资源，适用于对资源需求不高且对服务
质量要求较低的应用。

运营商可以结合具体的应用需求，在服务质量和网络资源利用率之间寻求平
衡点，以满足客户的差异化需求。

（4）网络切片的生命周期管理

一个网络切片的生命周期分为设计、上线、运营和下线 4 个阶段。

① **设计。**定义网络功能和连接关系，针对要部署的具体服务的特征，选择相
应的功能、性能、安全性、可靠性、运维管理和业务体验等相应的功能，完成切

片模板的初始化。

② **上线**。切片上线即完成切片的实例化部署，这个过程完全自动化，无须人工干预。系统为切片选择最适合的虚拟资源和物理资源，完成指定功能的部署和配置，并进行切片的连通性测试。切片上线是对切片模板进行一次实例化，一个切片模板可以进行多次实例化。

③ **运营**。运营商可以将切片运行策略部署到切片上，实现切片的监控和运维；在切片运行期间，对切片实施实时的业务监控和资源监控。运营商分析切片的监测结果，可以及时对切片进行动态调整。此外，运营商还可以为不同的用户提供统一的标准接口，便于用户按需开展二次开发。

④ **下线**。当切片不再需要运营时，则进行下线操作。

（5）5G 端到端切片管理架构

5G 端到端切片管理架构如图 4-10 所示。

5G 端到端切片管理架构中关键网元的功能如下。

① **CSMF**。CSMF 承接各种业务应用需求，负责将用户需求转换为服务等级协议（Service Level Agreement，SLA），即端到端网络切片需求（包括时延、容量、覆盖率和安全性等）。

② **NSMF**。NSMF 接收 CSMF 对网络切片的需求，管理和编排网络切片实例（Network Slice Instance，NSI），并从网络切片端到端的需求中，衍生出对核心网、承载网和接入网等网络子切片的需求。

③ **NSSMF**。NSSMF 接收 NSMF 对网络子切片的需求后，负责完成子切片的资源申请，完成网络切片子网或子切片的模板设计，并将其转换为对网络功能的需求。

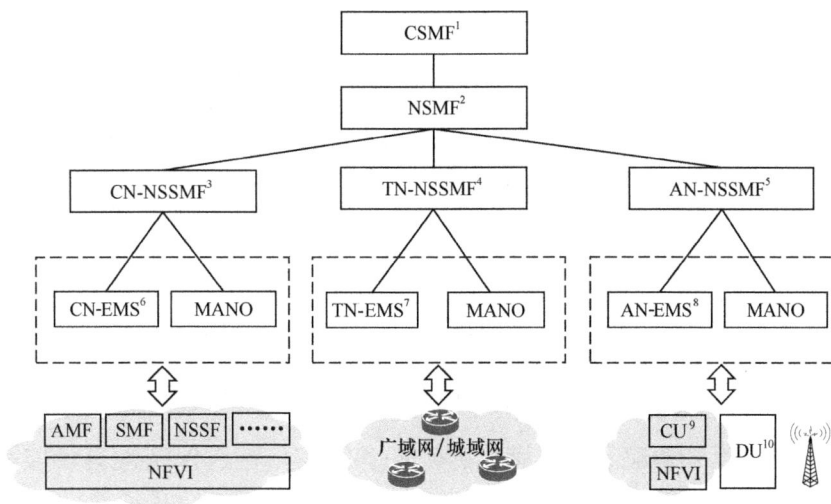

注：1. CSMF（Communication Service Management Function，通信服务管理功能）。

2. NSMF（Network Slice Management Function，网络切片管理功能）。

3. CN-NSSMF（Core Network-Network Slice Subnet Management Function，核心网子切片管理功能）。

4. TN-NSSMF（Transport Network-Network Slice Subnet Management Function，传输网子切片管理功能）。

5. AN-NSSMF（Access Network-Network Slice Subnet Management Function，接入网子切片管理功能）。

6. CN-EMS（Core Network Element Management System，核心网网元管理系统）。

7. TN-EMS（Transport Network Element Management System，传输网网元管理系统）。

8. AN-EMS（Access Network Element Management System，接入网网元管理系统）。

9. CU（Centralized Unit，集中单元）。

10. DU（Distributed Unit，分布单元）。

图4-10　5G端到端切片管理架构

NSSMF 包括 CN-NSSMF、TN-NSSMF 和 AN-NSSMF。

CN-NSSMF 通过云化、虚拟化技术和 MANO 编排能力，实现 5G 核心网切片子网创建、隔离及生命周期管理。

TN-NSSMF 通过调用承载网的管理编排能力，实现端到端的承载网络切片。

AN-NSSMF 实现 QoS 优先调度策略以及基于小区、位置的无线网络切片。

4.3.2.5　5G-A 通感融合网络架构

5G-A 通感融合网络架构可以适应不同的通感融合场景和感知服务需求。感知服务需求者包括终端、第三方应用服务器（Application Server，AS）和网元等，为实现多个服务场景的通感融合，5G 核心网需要新增感知功能（Sensing Function，SF）网元，承担感知控制功能和感知计算功能。SF 可以是独立网元，也可与其他网元融合，可采用集中式或分布式部署方式。SF 处理感知测量数据后，向感知服务需求者输出感知结果。

根据感知业务需求，5G-A 通感融合网络需要支持基站或终端等感知设备上报感知测量数据到 5G 核心网，选择适合的感知节点执行感知 QoS 控制，控制基站或终端执行感知策略；需要满足感知任务的安全性、保密性等管控需求，以及完成对感知服务的认证、授权和计费；支持多种感知模式的选择、修改和协同，例如，面向区域和面向目标的感知以及单次和连续的感知等。另外，在很多感知场景中，当被测对象处于移动状态时，5G-A 通感融合网络须确保感知服务的连续性。

根据 SF 与 5G 核心网中现有功能模块的耦合度不同，通感融合网络架构可以分为紧耦合和松耦合两种类型。

1. 紧耦合架构

在紧耦合架构下，SF 与现有 5G 核心网架构深度协作，最大限度地利用已有的 5G 核心网功能和接口及协议实现感知能力，并对外开放，适合在广域范围应用。SF 由 SF-C[1] 和 SF-U[2] 组成，因此，紧耦合架构又可以分为 C-U 不分离架构和 C-U 分离架构。

（1）C-U 不分离架构

紧耦合 C-U 不分离架构如图 4-11 所示。SF 和（R）AN/UE 之间的感知控制

1　SF-C：Sensing Function Control Plane Function，感知控制面功能。

2　SF-U：Sensing Function User Plane Function，感知用户面功能。

信令通过 AMF 进行传递，（R）AN/UE 获取的感知测量数据可由 AMF 传输到 SF，也可由 UPF 转发或直接传输到 SF。

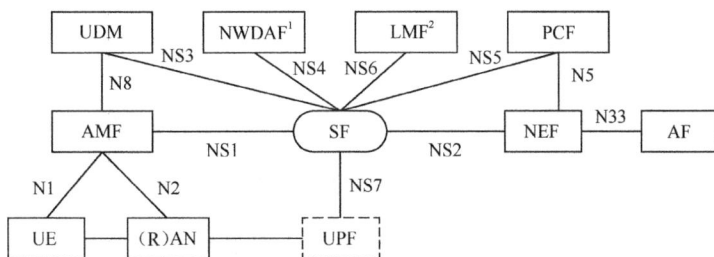

注：1. NWDAF（Network Data Analytic Function，网络数据分析功能）。

　　2. LMF（Location Management Function，位置管理功能）。

图4-11　紧耦合C-U不分离架构

SF 可独立部署或与 AMF、LMF 等 5G 核心网网元合设部署。

SF 与 5G 核心网网元之间新增以下接口。

① **NS1：** SF 与 AMF 间接口，用于传递感知控制信令和感知测量数据。

② **NS2：** SF 与 NEF 间接口，用于传递通过 NEF 中转的 AF 的信令消息，同时将感知结果开放给 AF。

③ **NS3：** SF 与 UDM 间接口，实现鉴权或授权，获取 UE 感知签约信息和服务 AMF 信息等。

④ **NS4：** SF 与 NWDAF 间接口，与 NWDAF 协同开展感知业务相关的 AI 处理。

⑤ **NS5：** SF 与 PCF 间接口，用于传递感知业务的感知要求、QoS 要求或感知结果等信息。

⑥ **NS6：** SF 与 LMF 间接口，用于传递位置相关信息，例如感知区域、感知目标的（R）AN 信息和被感知 UE 的位置信息等。

⑦ **NS7：** SF 与 UPF 接口，用于传递感知测量数据。

同时，N1、N2、N5、N8、N33 等现有接口需要进行改造，以支持鉴权信息、感知业务类型、感知业务质量要求、感知测量数据和感知结果等感知业务相关信息的传递。

（2）C-U 分离架构

紧耦合 C-U 分离架构包含 SF-C 和 SF-U 两个网元。SF-C 与 5G 核心网控制面网元进行交互，传递控制面消息，并给基站 /UE 提供 SF-U 的地址。SF-U 收集和分析基站 /UE 生成的感知测量数据，获取最终的感知结果。SF-U 还可以支持基站 /UE 执行感知时的感知计费。SF-C 和（R）AN/UE 之间的感知控制信令通过 AMF 进行传递，（R）AN/UE 获取的感知测量数据可经 UPF 转发或直接传输到 SF-U。紧耦合 C-U 分离架构如图 4-13 所示。

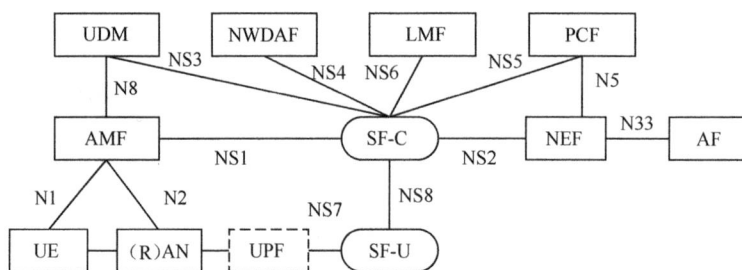

图4-12　紧耦合C-U分离架构

SF-C 和 SF-U 两个网元可以独立部署或与 AMF、LMF 等 5G 核心网网元合设部署。与紧耦合 C-U 不分离架构相比，SF-C 与 SF-U 间新增 NS8 接口，通过该接口可以下达感知处理策略，并上报感知结果。

2. 松耦合架构

松耦合架构如图 4-13 所示。SF 与现有 5G 核心网相对独立，无须与 5G 核心网交互或仅需执行很少的交互，适用于仅在特定区域内提供感知业务的场景。SF

直接与（R）AN 节点连接，负责感知授权、能力交互、网元选择、控制和数据处理等功能。该架构简单，灵活易部署，可以通过 SF 本地化实现感知测量数据不出园区，满足用户对数据管控安全的要求。

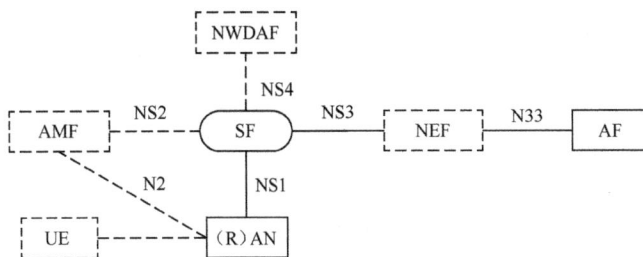

图4-13　松耦合架构

松耦合架构新增 SF 与（R）AN 间的 NS1 接口，用于传递感知控制面信令消息和感知测量数据。当 UE 参与感知时，控制面信令消息通过 AMF 转发到 SF，感知测量数据由 NS1 接口传递到 SF。

当 AF 通过 5G 核心网向 SF 提供感知业务需求时，SF 则可能与 5G 核心网网元新增以下接口。

① NS2：SF 与 AMF 间接口，用于接收来自 UE 的感知业务需求或者传递 SF 与核心网其他网元的信令消息。

② NS3：SF 与 NEF 间接口，用于传递 SF 通过 NEF 中转的与 AF 交互的信令消息，同时将感知结果开放给 AF。

实际部署时，NS2 和 NS3 二选一即可，即 AF 通过 N33（NEF）和 NS2（AMF）向 SF 发送感知业务请求，或者 AF 通过 NS3（NEF）间接向 SF 或直接向 SF（无 NEF）发送感知业务请求。

③ NS4：SF 与 NWDAF 间接口，用于与 NWDAF 协同开展智能化分析与预测，

生成感知结果。

4.3.3 承载网

5G-A 承载网应满足 ISAC 的高速率、高精度同步，以及低时延、高可靠等性能需求，支持网络切片和智能管控。ISAC 业务原则上依托现有 5G 承载网进行适当优化，叠加切片功能实现不同类型业务的差异化保障。

基于 5G RAN 架构，5G 承载网由以下 3 个部分构成。

① **前传**。传递无线侧网元设备 AAU 和 DU 间的数据。

② **中传**。传递无线侧网元设备 DU 和 CU 间的数据。

③ **回传**。传递无线侧网元设备 CU 和核心网网元间的数据。

5G-A 是基于 5G 网络在功能和覆盖之上的演进和增强，旨在支撑互联网产业的数字化升级。为实现通信、感知和智算等方面的功能，5G-A 对承载网提出了以下 3 个更高的要求。

① **超高速率和超大带宽**。5G-A 预期将比现有的 5G 网络提升高于 10 倍的网络能力，包括下行传输速率达到万兆比特 / 秒，上行速率达到千兆比特 / 秒。这样的超高速率和超大带宽能力对于支持高清视频传输、大规模数据传输及实时通信等应用是至关重要的。

② **广泛连接**。随着物联网设备的爆发式增长，5G-A 需要支持千亿级别的连接数。因此，网络必须具备高连接密度的能力，以应对大量设备同时在线和传输数据的需求。

③ **低时延和高可靠性**。5G-A 需要实现更低的网络时延和更高的可靠性，确保通信和感知数据的实时传输和处理，满足工业自动化、远程医疗、VR/AR 等 uRLLC 和及时响应的需求。

4.3.3.1　前传技术方案

常用的前传方案包括光纤直驱、无源波分和半有源波分等。应综合现有的系统架构、光纤资源、新布放光缆难度和成本控制等因素，合理选择前传方案。

在光纤资源充足或 DU 分布式部署的场景中，前传方案以光纤直连为主；光纤直连方案建议采用单纤双向（Bidirectional，BiDi）技术，可节约 50% 光纤资源并为高精度同步传输提供性能保障。

当光纤资源不足且新布放光缆困难时，为降低总体成本、便于快速部署，可新增波分设备进行承载。一般基站可采用无源波分方案，光纤资源进行不小于 1/6 的压缩；重要保障基站可采用有源波分方案，基于主备光缆路由，实现 5G-A 基站高可靠性保证。

（1）BiDi 技术

BiDi 技术是指在一根光纤里同时传输和收发两个方向光信号的技术，其将现有光纤的传输容量提高了一倍。10Gbit/s 和 25Gbit/s 的单纤双向光收发合一模块技术均已成熟，并在现网有大量应用，可满足前传接口的性能要求。BiDi 技术的施工和维护管理都比较简单，一方面可以节约 50% 的光纤资源，另一方面也保证了上下行信号时延的一致性，对于满足 5G 业务高精度同步需求具有天然优势，是光缆纤芯丰富的情况下较为经济可行的方案。

（2）波分复用（Wavelength Division Multiplexing，WDM）技术

随着 5G 的深入发展，特别是在共建共享场景下，即使采用 BiDi 方案单个站址仍然需要 6 根及以上的光纤，对接入光缆网产生巨大的压力。WDM 技术可使多个公共无线接口（Common Public Radio Interface，CPRI）或增强公共无线接口（enhanced Common Public Radio Interface，eCPRI）接口通过不同波长共享光纤资源，从而实现一根（或一对）光纤解决一个站或多个站的 5G 前传需求，大

幅提高光纤的利用率。根据波道间隔的不同，WDM 技术方案又分为粗波分复用
（Coarse Wavelength Division Multiplexing，CWDM）技术方案、局域网波分复用
（LAN Wavelength Division Multiplexing，LWDM）技术方案、小型化波分复用
（Miniature Wavelength Division Multiplexing，MWDM）技术方案和密集波分复用
（Dense Wavelength Division Multiplexing，DWDM）技术方案。

① CWDM 技术方案。CWDM 技术方案采用粗波分复用技术，波长参考
ITU-T G.694.2 标准，波道间隔 20nm，将 CWDM 彩光模块安装在 AAU/RRU[1]
和 BBU/DU 上，通过 CWDM 合分波器完成 WDM 功能，利用一对或者一根光纤
提供多个 AAU/RRU 到 BBU/DU 的连接。在部署形态上，CWDM 技术方案基
本是无源方案。波 CWDM 系统结构如图 4-14 所示。

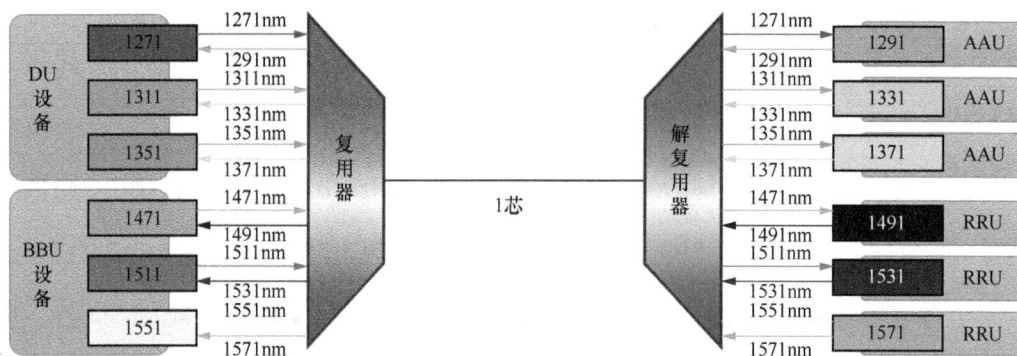

图4-14 波CWDM系统结构

CWDM 技术方案虽然成本较低，但也存在一些问题。首先由于采用固定波
长，网络建维中存在波长识别困难、备品备件的型号数量较多和不便于管理的
问题。其次，受限于波长过大的色散代价和低成本直接调制器激光器（Directly

---

1 RRU：Radio Remote Unit，远程端射频单元。

Modulated Laser，DML）+PIN 方案性能，无源 CWDM 技术方案将维护余量降至 2dB，维护压力较大。三是由于低成本无温控结构，5G 前传场景面临低温区的性能压力和高温区的寿命压力，长期稳定性风险较高。四是无源 CWDM 的光模块暂无操作维护管理（Operation Administration and Maintenance，OAM）能力，网络管控能力受限。为此，业界也开始研究支持单纤 12 波 25Gbit/s 的 WDM 前传方案，包括中国电信和中国信息通信研究院牵头的 LWDM 方案、中国移动独创的 MWDM 方案和中国联通主推的 DWDM 方案。

② LWDM 技术方案。LWDM 技术也称为细波分复用技术，符合 IEEE 802.3BA 标准，将 O 波段频谱按照 800GHz（约 4.4nm）波道间隔进行划分，共有 8 个标准波长，对于 12 波系统需求，再进行 4 个波长的扩展。LWDM 技术的优势在于产业链共用，可以共用 400G LR8 产业链和 100Gbit/s LR4 产业链，并重用了 CWDM 产业链。25Gbit/s 通道工作波长位于零色散点附近，色散代价较小（<1dB），可扩展性好。各通道的器件成本也较低。LWDM 可采用调顶方式实现简单 OAM，但由于采用固定波长方式，因此光模块备件种类过多。在部署形态上，LWDM 主推无源方案，也可以支持半有源方案。

③ MWDM 技术方案。在 CWDM 的 6 波系统方案的基础上，中国移动提出了将波长左右各拉偏 3.5nm 的中等波分复用方案，即 MWDM 方案。相邻波长间隔不再一致，分别为 7nm 和 13nm。该方案的前 8 波共用了 100Gbit/s CWDM4 的产业链，可以使用与 LWDM 相同的 DML+PIN+ 半导体制冷器（Thermo Electric Cooler，TEC）温控方案，成本较低；而后 4 波 25Gbit/s 的性能由于其色散代价较大，需要使用 APD 补偿，导致总体成本增加。在部署形态上，由于 MWDM 方案需要使用 APD 补充色散，主推半有源方案，无源方案下色散可能存在问题。

④ DWDM 技术方案。中国联通推动的 5G 前传"可调谐 DWDM 方案",即 G.metro 方案。G.metro 方案采用 100GHz 波道间隔的 DWDM 技术和单纤双向结构,波长可调范围包括 6 波、12 波、20 波和 40 波等,10GHz 和 25GHz 共用波长池,所有波长性能相当,配置灵活,系统容量大,并可以充分利用现有的 DWDM 成熟产业链。G.metro 方案的光模块使用了制冷型激光器(Electro-absorption Modulated Laser,EML)+PIN+TEC 方案,支持波长可调谐,虽然 EML 增加了成本,但可调光模块减少了备品的种类和数量,便于维护。同时,由于 G.metro 方案使用了衰耗较低的 1550nm 波长,维护余量较高,可达 3dB。为了解决成本问题,业内还提出了固定波长 DWDM 方案。但是该方案光模块型号多,其网络建设和运行维护复杂度相对较高。由于系统容量大,光纤利用率高,目前只在欧美等海外运营商有实际部署。在部署形态上,DWDM(G.metro)方案主推有源和半有源方案。

4.3.3.2 中/回传技术方案

目前,CU、DC 设备主要分两种部署方式:CU/DU 合设部署(主流部署方式),该场景下无中传需求;CU/DU 分开部署(少数部署方式),该场景下,中传可以采用跟回传相同的技术方案。

目前,运营商主流的回传方案有智能传送网(Smart Transport Network,STN)、切片分组网(Slicing Packet Network,SPN)和智能城域网等,均具有协议统一、切片隔离、智能运维、高精度时钟同步等性能。

(1)STN/新型城域网

STN 是中国电信为满足 5G 承载需求,在基于互联网协议的无线电接入网(Internet Protocol Radio Access Network,IP RAN)基础上引入大容量 STN 设备和基于 IPv6 第 6 版互联网协议(Internet Protocol Version 6)转发平面的段路由(Segment Routing over IPv6，SRv6）/ 灵活以太网（Flex Ethernet，FlexE）等新技术构建的承载网，其定位为实现移动回传业务、政企以太专线、云专线等多业务的融合承载网络。为满足云网融合的发展趋势及对网络的需求，中国电信基于 STN 网络建设固移融合的新型城域网，引入叶脊（Spine-Leaf）架构、转控分离虚拟宽带远程接入服务器（virtualized Broadband Remote Access Server，vBRAS）等新技术，实现对固移业务、政企组网专线、上云专线和多云接入、云间高速互联等业务的统一承载。

新型城域网总体架构如图 4-15 所示。

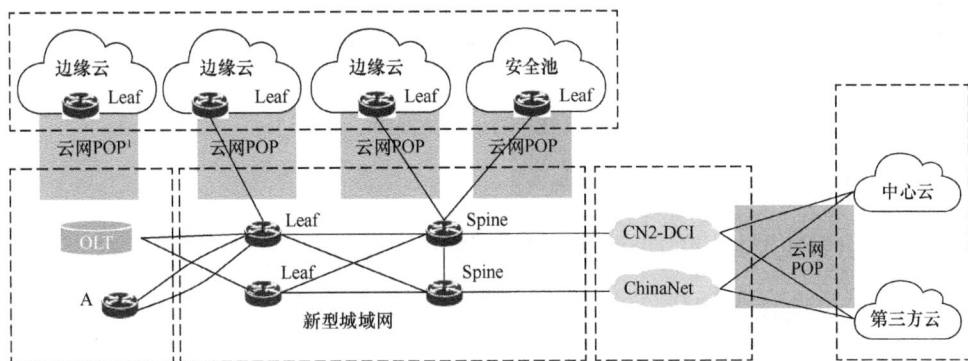

图4-15　新型城域网总体架构

注：1. PoP（Point of Presence，互联网接入点）。

（2）SPN

中国移动采用独家创新的 SPN 技术体系进行 5G 回传网络的建设。SPN 是基于多协议标签交换（Multi-Protocol Label Switching，MPLS）/SRv6 切片技术和波分的新一代端到端分层交换网络，具备业务调度灵活、高可靠性、低时延、高精度时钟、易运维和严格 QoS 保障等属性。随着新应用、新业务不断向深度和广度扩展，5G+ 垂直行业、政企专线和云网业务等应用场景对 SPN 承载网络提出了新的需求。中国移动在 SPN 1.0 基础上做进一步技术拓展，通过引入小颗粒技术建设了面向综合承载的 SPN 2.0 网络，打造"高效、融合、智能、低碳"的新一代综合业务承载网。

SPN 组网架构如图 4-16 所示。

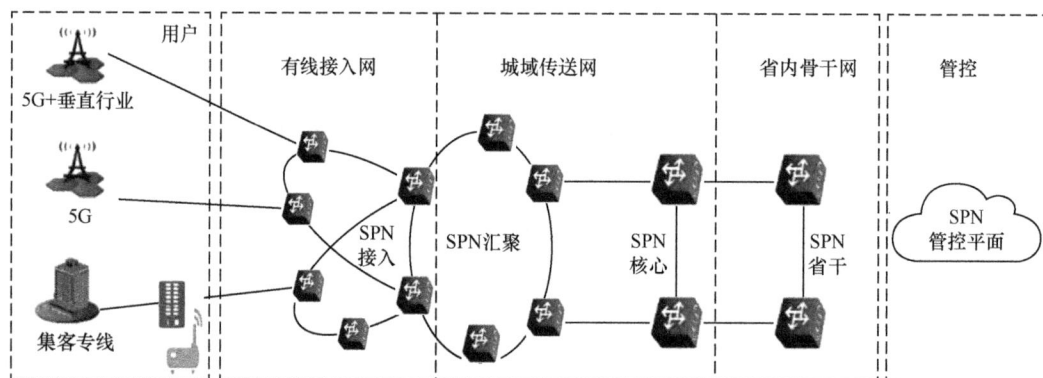

图4-16　SPN组网架构

（3）智能城域网

中国联通智能城域网的设计思路是在城域层面构建一张"网络结构简化、网络协议简化、网络设备简化、网络控制和网络管理智能化"的面向 5G 业务的融合承载网。智能城域网以 DC 为中心组网，采用 Spine-Leaf 架构；在 IP RAN 基础上引入段路由（Segment Routing，SR）+ 以太网虚拟专用网络（Ethernet Virtual Private Network，EVPN）技术简化网络协议，在传送层面采用端到端 SR 技术、业务层面采用端到端的 L3VPN[1]/EVPN 技术，方便业务开通和运营维护；基于 SDN 集中控制器实现控制与转发分离和自定义网络；在控制层北向设置业务编排层，实现用户业务的编排和用户自服务；基于统一的 Leaf 节点实现移动基站回传、政企专线和宽带等业务的综合接入。

智能城域网组网架构如图 4-17 所示。

1　L3VPN：Layer3 Virtual Private Network，三层虚拟专用网络。

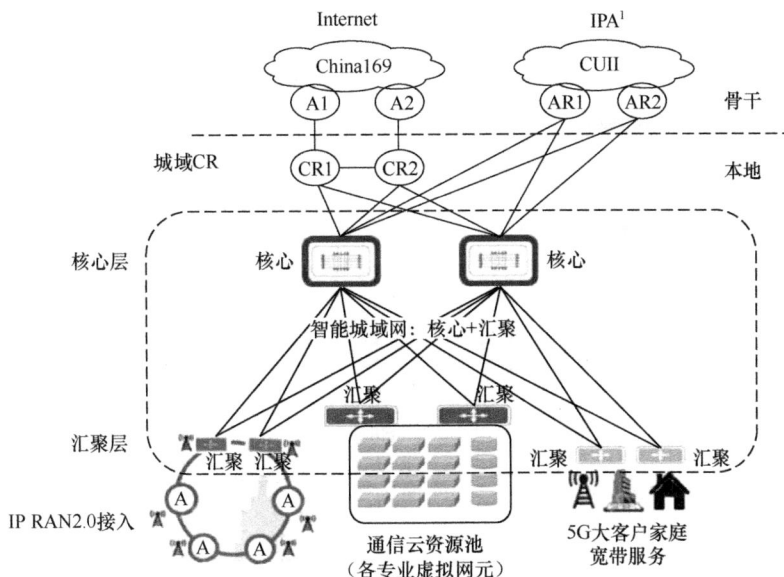

注：1. IPA（Internet Protocol Address，互联网协议地址）。

图4-17 智能城域网组网架构

4.3.3.3 切片技术方案

对于承载网而言，网络切片是在基础物理网络上实现多个拥有独立网络拓扑和网络资源的逻辑网络，以满足 5G-A 的通信、感知和智算功能等在带宽、时延、可靠性、安全性、移动性和连接数量等方面的不同需求。前传网络对于 5G-A 的数据一般采用透明传送的处理方式，不需要感知传送的具体内容，因此不需要对不同的网络切片进行特殊处理。中传 / 回传承载网则需要考虑如何满足不同 5G-A 网络切片在带宽、时延和组网灵活性方面的不同需求，提供面向 5G-A 网络切片的承载方案。

为满足 5G-A 的感知功能，在现有 5G 无线网和承载网切片的基础上，应按需增加专门的感知切片用以实现感知功能的独立承载。

（1）感知单元和算力边缘部署

此场景下感知单元和算力部署在 BBU 侧，只需要增加无线侧的感知切片即可。

感知单元边缘部署架构如图 4-18 所示。

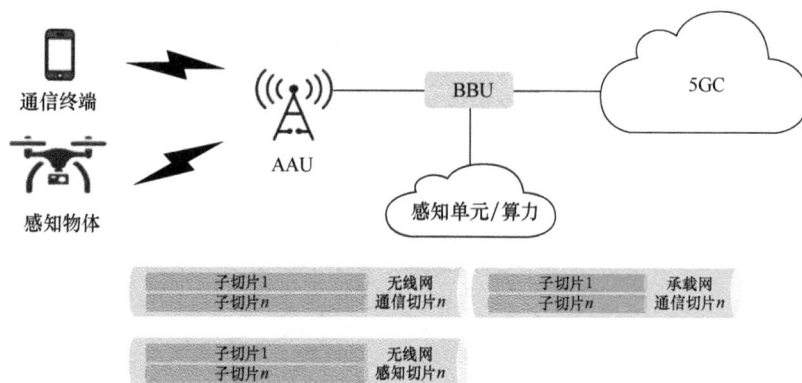

图4-18　感知单元边缘部署架构

（2）感知单元和算力集中部署

此场景下感知单元和算力集中部署在核心网侧，无线侧和承载网均需要增加感知切片。感知单元集中部署架构如图 4-19 所示。

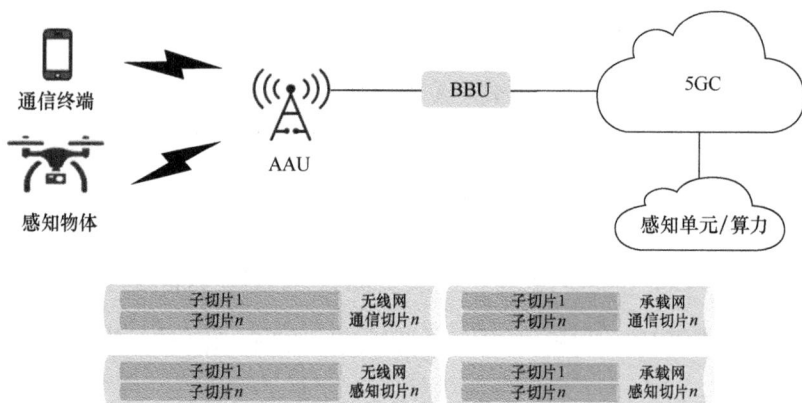

图4-19　感知单元集中部署架构

（3）感知单元和算力分布式部署

此场景下感知单元和算力同时部署在核心网侧和 BBU 侧，无线侧和承载网均需要增加感知切片。感知单元分布式部署架构如图 4-20 所示。

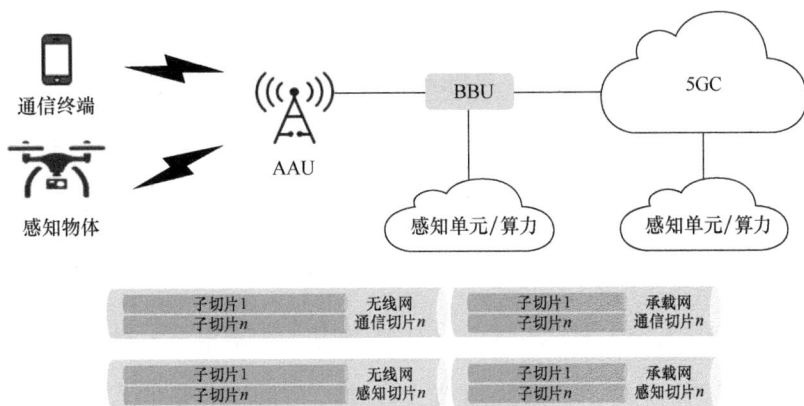

图4-20　感知单元分布式部署架构

4.3.3.4　接入光缆网优化方案

5G-A的建设应充分利用现有接入光缆网络。在现有接入光缆网络无法满足网络需求时，应以系统性思维对接入光缆网进行优化。从点（节点机房、分纤点）、线（主干光缆、配线光缆、联络光缆）、面（综合业务接入区及其内部各级微网格）这3个维度新建、扩建、改建综合业务接入区，以适应集中式无线电接入网（Centralized-Radio Access Network，C-RAN）。这样做可以加快各类业务的开通速度，更好地满足泛在接入需求。

4.4　算力基础设施

4.4.1　算力发展概述

算力一般定义为计算设备通过处理数据，实现特定结果输出的计算能力，常用每秒浮点运算（Floating-point Operations Per Second，FLOPS）作为度量单位。数字时代，算力是多技术融合、多领域协同的重要载体，其为数字经济发展提供坚实基础。

算力的发展历经了 3 个阶段：早期单点式计算通过使用一台大型计算机或一台个人计算机独立完成全部的计算任务；随着计算需求的增加，单点式计算逐渐呈现算力不足的弊端，继而出现了例如网格计算等分布式计算架构，分布式计算可以将大型的计算任务分解为很多小型的计算任务并交由不同的计算机完成；信息化和数字化的不断深入，引发了各行各业对算力的强烈需求，云计算技术应运而生。云计算技术可以视作分布式计算的新范式，其本质是将大量的零散算力资源打包、汇聚，实现更高可靠性、更高性能和更低成本的算力。

云计算技术及理念的引入可使企业实现节能减排，促进业务快速推向市场，同时随着产业链的多元化，其也将给用户带来更丰富的产品。云计算将所有的计算资源（包括服务器、存储和带宽等）通过虚拟化技术集中起来，采用软件实现统一管理、按需分配，实现资源的共享和自动配置，使运行于云计算平台上的应用不需要烦琐的硬件资源而烦恼，有利于提高资源的利用率，实现应用的快速部署，同时使应用能够更加专注于自己的业务，有利于创新和降低成本。

云计算的快速发展和广泛应用，为数字经济的发展提供了充足的养分。算力为加强数字政府建设、激活数据要素潜能以及千行百业的数字化转型注入新动能，助推经济社会高质量发展。根据中国信息通信研究院的测算，算力每投入 1 元，将带动 3 ～ 4 元的经济产出。

当前，算力的战略性地位和支撑性作用已成为普遍共识。全球算力发展应用多元化、供需不平衡的挑战仍在持续，以生成式人工智能（Artificial Intelligence Generated Content，AIGC）为代表的人工智能大模型等新应用、新需求的崛起，推动算力规模快速增长、计算技术多元创新和产业格局加速重构。

4.4.2　通算与智算

算力通常分为两大类，即通用算力（也称基础算力）和智能算力（也称专用算力、高性能算力）。在应对以大数据、AI 为代表的新一代数字技术成为产业趋势的过程中，分为以中央处理器（Central Processing Unit，CPU）芯片输出的通用算力和以图形处理单元（Graphics Processing Unit，GPU）、可编程阵列逻辑（Field Programmable Gate Array，FPGA）、专用集成电路（Application Specific Integrated Circuit，ASIC）等 AI 芯片输出的人工智能算力。前者主要用作执行一般任务，后者主要承担视频图像处理、语音处理、AI 推理、模型训练和科学计算等计算密集型任务。

4.4.2.1　通用算力

通用算力是以 CPU 芯片输出为主的基础计算能力。CPU 内包含大量的缓存和复杂的逻辑控制单元，其优点是擅长逻辑控制、串行的运算，缺点是不擅长复杂算法运算和处理并行重复的操作且功耗高。因此在没有 AI 或其他高算力需求时，CPU 可以应付得绰绰有余；在面对 AI 或其他高算力需求时，CPU 主要发挥指挥控制的功能。

CPU 的芯片又分为多种架构，主要包含 x86、进阶精简指令集机器（Advanced RISC Machine，ARM）等。其中，x86 为主流架构，市场份额占比高，代表厂商为 Intel[1] 和 AMD[2]。国产 CPU 也在迅速崛起，x86 国产 CPU 以海光系列芯片为商用代表，ARM 国产芯片以华为鲲鹏系列为商用代表。

据测算，1EFLOPS（1EFLOPS=10^18FLOPS）约为 5 台天河 2A 或者 50 万颗主流服务器 CPU 或者 200 万台主流笔记本的算力输出。

1　英特尔公司。

2　Advanced Micro Devices，Inc，超威半导体公司。

CPU 通用算力 = CPU 数 × 核数 × 单核主频 × CPU 单周期浮点计算能力。

上述 4 个参数中，CPU 数、核数、单核主频均可以通过服务器的配置获得，CPU 单个周期浮点计算能力需进一步探讨。

以服务器 CPU（Gold 6142）为例，AVX[1]-512 指令集，查询 Gold 6142 的 AVX-512 融合乘加运算（Fused Multiply-Add，FMA）单位是 2，即每个 FMA 单个 CPU 周期可以同时执行 2 条 512bit 加法和 2 条 512bit 乘法。其次，需要理解单精度和双精度浮点运算的概念：单精度浮点运算是指 32bit 的指令长度的运算，对应 32 位操作系统；双精度浮点运算是指 64bit 指令长度的运算，对应 64 位操作系统。

理解上述两个概念，就可以计算出 CPU 单周期浮点计算能力：CPU 单周期双精度浮点计算能力 =2（FMA 数量）×2（同时加法和乘法）×512/64=32；CPU 单周期单精度浮点计算能力 =2（FMA 数量）×2（同时加法和乘法）×512/32=64。

Intel Gold 6142 是 16 核，每核 2.6GHz，故单颗 Gold 6142 CPU 浮点计算能力如下所述。

FLOPS（双精度，FP64）=16×2.6×（2×2×512/64）=1331.2GFLOPS=1.33TFLOPS。

FLOPS（单精度，FP32）=16×2.6×（2×2×512/32）=2662.4GFLOPS=2.66TFLOPS。

在实践中，具体是选择双精度（FP64）、单精度（FP32），还是选择半精度（FP16），还要根据业务应用场景决定。通用算力主要是基于 CPU 的算力，一般用单精度浮点数（FP32）计算能力来衡量，其只适合处理以逻辑控制、串行计算为主的常规任务和生产工作。

随着全国一体化算力网络国家枢纽节点的部署和"东数西算"工程的推进，我国算力基础设施建设和应用保持快速发展，截至 2023 年年底，我国在

1　AVX：Advanced Vector Extensions，高级矢量扩展。

用数据中心机架总规模超过 650 万标准机架，近 5 年年均增速超过 30%，平均上架率达 58%，在用数据中心服务器规模超 2000 万台，存储容量超过 1000EB（1EB=1024PB），基础设施算力规模达到 180EFLOPS（通算 + 智算 + 超算），位居全球第二。

4.4.2.2　智能算力

智能算力是以 GPU、FPGA、ASIC 等专用 AI 芯片输出为主的高性能计算能力。GPU 又称显示核心、视觉处理器和显示芯片，是一种专门在服务器、网吧主机、游戏机和一些移动设备（例如平板计算机等）上做视频和图像相关运算工作的微处理器。作为新型 AI 智能化算力，其优点是提供了多核并行计算的基础结构，且核心数较多，可以支撑大量数据的并行计算，拥有更高的浮点运算能力；缺点是管理控制能力弱，功耗高。

FPGA 作为 ASIC 领域中的一种半定制电路，既解决了定制电路的不足，又克服了原有可编程器件门电路数有限的缺点。其优点是可以无限次编程，时延较低，同时拥有流水线并行和数据并行（GPU 只有数据并行）、实时性最强、灵活性最高的特点；缺点是开发难度大、只适合定点运算、价格比较昂贵。

ASIC 指应特定用户要求和特定电子系统的需要而设计、制造的集成电路。它作为集成电路技术与特定用户的整机或系统技术紧密结合的产物，与通用集成电路相比具有体积更小、重量更轻、功耗更低、可靠性更高、性能更高、保密性更强、成本更低等优点。缺点是灵活性较低，成本比 FPGA 高。

智能算力是基于 GPU、FPGA 等 AI 专用芯片的算力，主要采用单精度浮点数（FP32）或半精度浮点数（FP16）计算能力来衡量的。在 AI 大模型、自动驾驶、深度学习等领域，一般需要单精度算力（FP32）的支持以实现人工智能模型的训练；而数字孪生、人脸识别等利用训练完毕的模型进行推理的业务，使用半精度算力

（FP16）即可满足要求。

超级算力，主要采用双精度浮点数（FP64）计算能力来衡量。在科学计算领域，例如天体物理模拟、航空航天、基因工程、运算化学、分子模型和新材料等，由于这类科学领域的计算对数据精度的要求高，需要超级算力支撑，一般以双精度浮点数（FP64）计算为主。由于超级算力一般不用于低空经济场景，这里不再展开介绍。

截至 2023 年 12 月，全国已投入运营的人工智能计算中心达 39 个，在建的人工智能计算中心超过 30 个。全国智算中心项目达 128 个，其中 78 个项目有规模披露，规模总和超过 77000PFLOPS。这些智算中心标准不一、规模各样，算力规模一般在 50PFLOPS、100PFLOPS、500PFLOPS、1000PFLOPS，有的甚至超过 12000PFLOPS。

地方依托智能计算中心，一方面为当地科研院所和企事业单位提供普惠算力，支撑当地科研创新和人才培养；另一方面结合本地智能产业发展需求，培育人工智能产业生态，推进人工智能应用创新。例如，西安未来人工智能计算中心已为 153 家科研机构和企业、高校提供公共算力服务，累计培养人工智能产业人才超过 1000 人次；天津人工智能计算中心于 2023 年 3 月正式上线，孵化高水平、具备核心竞争力的科研成果，打造天津"智港"人工智能示范应用。

同时，互联网企业也在大力布局智算中心，构建 AI 算力服务新业态。腾讯依托自身的技术优势，已经与上海、苏州等长三角城市在产业、项目、生态等层面展开广泛合作，并建立腾讯云启（合肥）产业生态基地以加速人工智能的部署，另外，通过与安徽本地高校合作共建人工智能学院人才培养等板块，构建国内领先的新基建产业生态集群和人工智能产业生态集群；阿里巴巴已经建设张北（12EFLOPS）和乌兰察布（3EFLOPS）两个超级智算中心，布局自动驾驶、工业仿真等领域，阿里巴巴超级智算中心已实现万卡规模并行，计算效率近 85%，训练效率提升了 11 倍，推理效率提升 6 倍以上，采用全液冷的绿色数据中心和智能运维，最低电源使用效率（Power Usage Effectiveness，PUE）值达到 1.09；百度阳泉智算中心搭载了百度自主研发的 AI 基础设施"AI 大底座"，作为亚洲最大的单体智算中心，每秒可以完成 4EFLOPS 的智能运算，与百度在江苏盐城等地的其他几座智算中心一起，为"文心一言"面向产业的规模化落地提供支撑。

4.4.2.3　算力自主

我国依托大规模市场的深度和广度以及政策优势，打造以算力为核心的软硬件协同创新生态体系，加快推进科技自主自强，以系统化、创新性思维提升计算产品的先进性。积极把握创新引领趋势，推动人工智能计算、高性能计算等技术突破，加快算法模型、高端芯片、计算系统和软件工具等领域关键技术攻关和重要产品研发，夯实产业发展基础，不断提升自主算力创新能力。2023 年，我国计算机领域发明申请近 20000 件，先进计算领域涌现出一批创新成果。

① **基础软硬件持续突破。** 目前国产芯片已初具规模，x86、ARM、自主架构 CPU 持续深化规模应用，GPU 芯片、AI 芯片加速迭代优化，国产操作系统逐步向金融、电信和医疗等行业应用渗透。壁仞科技推出 BR100 系列 GPU，单芯片峰值算力达到 PFLOPS 级别；天数智芯、沐曦、瀚博发布 AI 推理芯片，支持 INT8、FP16 等多精度计算能力和视频编解码等功能；我国首个开源桌面操作系统"开放麒麟 1.0"正式发布，标志着我国拥有了操作系统组件自主选型、操作系统独立构建的能力。

② **新兴计算平台系统加速布局。** 百度推出由 AI 计算、AI 存储和 AI 容器 3 个部分组成的百舸 AI 异构计算平台，具有高性能、高弹性、高速互联等能力。燧原科技发布针对人工智能算力应用场景的云燧智算机集成 AI 加速硬件、管理平台及配套应用软件与服务，支持大规模并行训练和推理计算。

③ **前沿计算技术在实验和产业实现多维度突破。** 南方科技大学联合福州大学、清华大学研究团队在量子纠错领域实现突破，通过实时重复的量子纠错过程，延

长了量子信息的存储时间，相关结果优于无纠错编码逻辑量子比特。本源量子发布量子计算化学编程软件包 pyChemiQ，可以帮助生物化学领域的研究人员通过量子计算的方式更快速地解决化学问题。我国推进"量子 + 经典"算力基础设施建设，国内首个量子人工智能计算中心——太湖量子智算中心，于 2023 年 1 月 1 日揭牌。

4.4.3　算力网络技术

随着低空经济不断演进和发展，现有 5G 网络已无法支撑各类低空飞行器在各种业务场景中的通信、感知与计算的极致性能需求。因此，6G 网络从通信、感知融合网络，再到通感算一体融合网络是发展的必然趋势。其中，通感算赋能的算力网络是关键使能技术之一，将"云—边—端"多级算力通过网络化的方式连接与协同，通过随时随地的实时感知，实现算力服务的按需实时调度与高效共享，为各类低空业务场景提供灵活匹配最佳算力资源节点。

4.4.3.1　算力网络架构

通感算赋能的算力网络是实现云网边端统控的新型网络架构，是云网融合体系中的一种关键技术，其通过网络控制面（包含集中式控制器、分布式路由协议等）分发服务节点的算力、存储、算法等资源信息，并结合网络信息和上层应用（例如无人机飞控平台等）需求，提供最佳的计算、存储、网络等资源的分发、关联、交易与调配，从而实现整网资源的最优化配置和使用。通感算赋能的算力网络架构如图 4-21 所示。

① **算力网络资源层**。算力网络资源层是算力资源所在的位置，包括在资源节点（集中云节点、边缘云节点，以及各类具有通信、感知和分布式的计算终端等）中使用的资源，例如，计算资源（服务器等）、网络资源（交换机、路由器等）、存储资源（存储设备）及服务资源（例如各类低空应用）。算力网络资源层的资源通过资源主动上报或者

网络侧主动探测的方式被感知。网络中各节点算力资源的采集将在算力网络资源层实现。

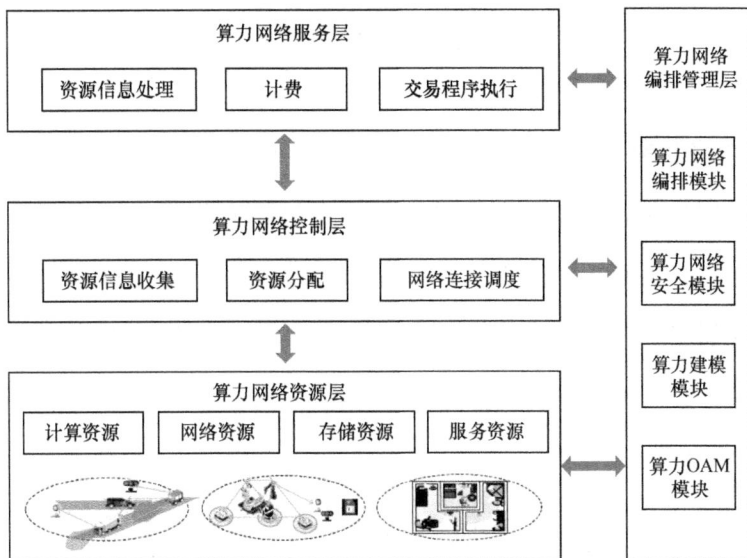

图4-21 通感算赋能的算力网络架构

② **算力网络层控制层**。算力网络控制层利用网络内生的泛在感知能力，实时感知各节点算力占用情况及节点动态位置，同时将感知信息作为先验信息，利用监督学习技术，有效预测未来算力占用情况及网络拓扑动态变化，并将当下感知及预测结果发送至服务层和算力网络编排管理层进行处理。各类业务的获取或需求分析及预测将在算力网络服务层中实现。网络层服务将实时业务需求下发至算力网络编排管理层进行处理，并将基于算力网络编排管理层反馈的算力网络编排结果下发至算力网络控制层，指导控制层按需实时调度资源层的算力资源为各类业务提供服务。

③ **算力网络编排管理层**。算力网络编排管理层可以实现算力网络的编排、安全管理、建模和操作维护管理等功能。算力网络编排模块根据来自算力控制层的网络状态实时信息和预测信息，同时基于服务层下发的实时业务需求，利用监督学习等相关人工智能技术，实现算力网络资源和服务的最优编排和管理，并将编排结果反馈至算力服务层以最优化调度资源层的算力资源，实现算力的即用即配；

算力网络安全模块负责应用与安全相关的控件，以减轻算力网络环境中的安全威胁；算力建模模块可以根据服务类型进行算力建模；算力 OAM 模块则实现了算力网络的操作、管理和维护。

④ **算力网络服务层**。算力网络服务层是面向场景化的算力交易的入口，是沟通算力网络与用户服务的桥梁。算力网络服务层南向与算力网络控制层连接，从控制层接收整网资源信息，北向与算力业务连接，获取业务的需求和实时状态，并根据业务的需求动态生成以用户为中心的算力网络资源视图。算力网络服务层支持资源信息处理、资源交易和计费以及执行交易流程等功能。

4.4.3.2 算力感知

算力感知是对所有类型的资源信息的感知，包括对用户需求的感知。算力感知存在两种技术路线：一是由资源所有方主动提供资源信息，并通过网络或者云管理、资源管理等集中系统告知用户；二是由网络或者集中系统主动去探知资源信息。目前两种技术路线都处于不断发展的阶段。而算力网络采用两种思路并存的方式，可基于用户意图驱动的方式主动提供资源需求信息；也可以利用网络的泛在感知能力，感知网络算力资源的使用状态，同时基于历史先验信息，采用监督学习，从资源需求、资源消耗等方面进行预测，实现资源预配，加快资源部署速度，提升资源的整体利用率。

以未来无人机群送快递的场景为例，5G/6G 基站单元在获取各快递无人机群的飞行状态、路线计划等信息后，可将这些信息进行处理并进行需求解析，从而获得无人机的算力需求。

4.4.3.3 算力路由

算力路由将网络算力资源信息进行分发，从而获得以用户为中心的算力资源视图，让用户能够清楚各类算力资源的分布情况与报价情况，为算力的编排与交易提供基础。

与传统的网络路由方式一致，算力路由也可采用分布式、集中式和混合式方案：分布式方案通过扩展 IP，在协议中增加资源信息和业务需求信息来实现信息泛洪与资源路由；集中式方案利用 SDN 控制器等集中管控单元来收集网络信息与算力信息后，再统一呈现给用户；混合式方案结合以上两种方式的特点，利用分布式协议来分发资源信息，再利用集中管控单元来进行统一处理。

4.4.3.4　算力交易及编排

随着智能业务的发展，算力资源的使用出现了高频、短时的新特点，例如人工智能算法中的训练部分，需要在短时间内完成大数据样本下的模型训练，但在训练完成后，推理部分只需要用相对少量的算力资源即可完成。因此，传统的按月、按天租赁资源的方式已经不能满足要求，需要结合高频、短时的特点，来设计新的资源交易体系，将交易周期压缩到小时，甚至分钟级别。在交易完成之后，算力编排不仅需要根据交易内容快速提供资源，例如快速分配算力资源、建立网络连接，也需要能够在算力资源使用完成后，快速释放资源，并更新资源信息。

4.4.4　边缘计算及云边协同

1. 边缘计算需求

迈入 5G/6G 和 AI 时代，新型业务例如 VR/AR、互动直播、自动驾驶等应运而生，而低空飞行器可以将以上业务组合起来，实现低空经济新型业务场景，例如使用无人机进行森林灭火、快递投送等。而以上这些业务场景对时延和网络带宽要求较高，在传统的集中式云计算场景中，所有数据都集中存储在大型数据中心，由于地理位置和网络传输的限制，无法满足新型业务的低时延、大带宽等要求。

边缘计算可以满足业务低时延、大带宽等要求，应对数据安全、网络稳定性、资源管理、兼容性和成本效益等方面的挑战，通过在靠近终端应用的位置建立站点，最大限度地将集中式云计算的能力延伸到边缘侧，在边缘节点上实现快速的视频、图像处理和跟踪，并提供低时延的数据传输。

2. 多接入边缘计算（Multi-access Edge Computing，MEC）系统架构

MEC 是指靠近物或数据源头的网络边缘侧，融合网络、计算、存储、应用核心能力的开放平台。能够就近提供智能互联服务，满足实时业务、智能业务、数据聚合与互操作、安全与隐私保护等方面的关键需求。欧洲电信标准化协会（European Telecommunications Standards Institute，ETSI）定义了 MEC 边缘云的系统架构，具体如图 4-22 所示。

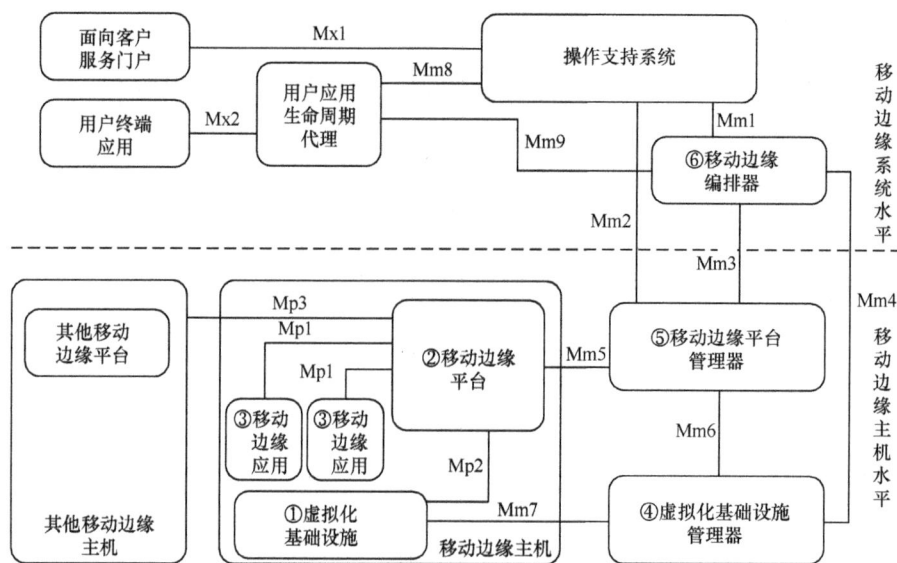

图4-22 MEC边缘云的系统架构示意

MEC 边缘云由 NFVI、MEC 平台（MEP[1]）、MEC 应用和其对应的管理面（VIM、MEPM[2]、VNFM、MEAO[3]、NFVO）构成。其中，边缘云基础设施 NFVI 是相关的计算、存储、网络资源，是上层 MEC 平台、MEC 应用的物理载体；MEP 是 MEC 应用的集

---

1 MEP：Mobile Edge Platform，边缘计算平台。
2 MEPM：Mobile Edge Platform Manager，边缘计算平台管理。
3 MEAO：Multiaccess-Edge Application Orchestration，边缘平台编辑器。

成、网络开放等中间件能力，相当于 PaaS[1] 层组件；MEC 应用是服务客户的最终应用。

MEC 边缘云包括虚拟化基础设施（Network Functions Virtualization Infrastructure，NFVI）、移动边缘平台（Multi-access Edge Platform，MEP）、移动边缘应用（ME App）和其对应的虚拟化基础设施管理器（Virtualized Infrastructure Manager，VIM）、移动边缘平台管理器（Multi-access Edge Platform Manager，MEPM）、移动边缘编排器（Multi-access Edge Orchestrator，MEO）构成。其中，NFVI 是相关的计算、存储、网络资源，是上层 MEP、ME App 的物理载体；MEP 是 ME App 的集成、网络开放等中间件能力，相当于 PaaS 层组件；ME App 是服务客户的最终应用。

架构的组成元素定义如下。

① NFVI：基于 ETSI NFV 框架，虚拟化平台，提供应用、服务、MEP 等的部署的虚拟化资源环境。

② MEP：负责 MEC 多个 App 的发现、注册及开放，对 App 进行封装、打包，并对外提供集成部署、网络开放服务。

③ ME APP：运行在 MEC 主机的虚拟化基础设施上，与 MEC 移动边缘平台交互，以使用或提供 MEC 能力。

④ VIM：负责虚拟化资源的分配、管理和释放。

⑤ MEPM：负责 MEP 的监控、配置、性能等管理，以及对 MEC 应用的规则和需求进行管理。

⑥ MEO：负责应用及资源的编排管理。

3. 云边协同服务

一般情况下，运营商同时具备云计算中心和边缘计算机房，可充分发挥边缘计算机房的算力优势，为用户提供大带宽、低时延、安全、智能、可灵活组合的虚拟

---

1 PaaS：Platform as a Service，平台即服务。

化服务能力，但仍需对以下 6 个协同面进行重点研究。云边协同服务示意如图 4-23 所示。

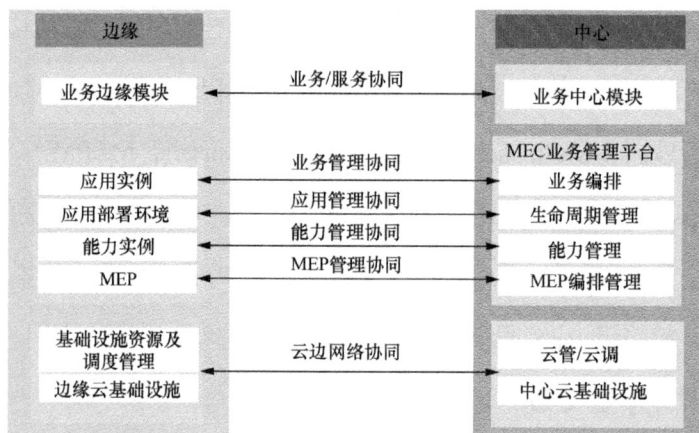

图4-23　云边协同服务示意

（1）业务 / 服务协同

业务 / 服务协同需要与云边协同的业务应用及场景进行配合。云边应用级协同集中云服务并将其移植到边缘云，并具备统一管理能力，可以提升运营商的生态竞争优势。例如，云端在完成模型的训练之后，将模型下发给边缘节点，边缘节点按照模型进行推理。

（2）业务管理协同

云端生成应用与能力的组合编排策略，边缘节点按照云端策略执行应用与能力。基于统一业务管理平台，实现云边应用加载统一管理。边缘节点能够提供计算、存储、网络等基础设施资源，可以独立调度管理本地资源，也可以和云端协同，接受并执行云端下发的资源调度管理策略。

（3）应用管理协同

云端负责管理边缘侧应用的生命周期，包括应用的部署、启动、停止、删除及版本更新等。

（4）能力管理协同

业务能力集中管理，边缘按需生成。打通用户关系管理服务能力，维护界面和能力打通等，支持一体化运维和管理，用户界面保持一致，提升运维效率。

（5）MEP 管理协同

MEP 的编排部署，MEP 接受中心云 MEP 的统一编排、调度。

（6）云边网络协同

在 Underlay 层面，基于云网接入点预置云间互联能力，边缘云一中心云互联通道快速开通。

在 Overlay 层面，坚决采用自主可控的 Overlay 网络技术，实现用户端到端虚拟私有云打通和安全可控。

在网络技术层面，固移融合、端到端切片、SLA 保障、SRv6、IPv4/IPv6 双栈、虚拟扩展局域网大二层打通、智能调度、东西流量高速贯通，满足 toC、toH、toB、toG 业务综合承载。

在网络时延层面，为用户提供满足各种时延需求的边缘智能算力，网络侧时延（固定）最低至 1ms。

4.5 AI 平台基础设施

4.5.1 业务应用平台

平台基础设施是指部署在算力基础设施上的业务应用平台。在低空经济领域，包括对飞行器（例如无人机）本身的飞行控制运营平台，以及基于飞行器的行业应用平台。

飞行控制运营平台，通常为一体化运营平台，采用可视化的平台对飞行器进行飞行控制，例如远程控制无人机（机头方向、云台角度、变焦、红外切换等）、挂载操控（例如喊话器等）、调度无人机集群协同作业、智能航线规划、数据管理、报表统计、大屏展示等。

行业应用平台，是针对各行业场景领域开发的应用平台，例如，电力巡检、应急救援、航空摄影、水利应用、农药喷洒、航空测绘、国土资源、旅游、管线巡查、医疗、海事监察、农林、物流运输、交通管制、气象监测、反恐防暴、应急救援等行业场景，针对性开发具有行业特点的应用平台。

飞行控制运营平台、行业应用平台通常具有一些共性需求，可以专门提取数据，采用 AI 深度学习算法专门进行功能的相关实现，例如，无人驾驶控制、人脸识别、车辆识别、物体识别、语音识别、语义识别等。这种从各专用应用平台提取的共性 AI 模型，称为 AI 大模型，采用 AI 大模型进行更深层次的训练提升，可以赋能各行业场景应用，实现行业应用的快速开发迭代。

4.5.2　AI 大模型平台

杰弗里·辛顿（Geoffrey Hinton）等人提出了深度学习中的一种新型神经网络结构——卷积神经网络，并在 ImageNet 图像识别竞赛中取得了显著的成果。Transformer 模型架构具有并行计算的能力，不仅可以同时处理输入序列的不同部分，还可以更快地训练和推理大型深度神经网络。

大模型也被称为基础模型，其通常定义为参数规模较大（亿级）并使用 Transformer 模型架构，在大规模无标注语料进行自监督训练后，可以赋能一系列下游任务的模型。BERT 和 GPT 是基于 Transformer 模型架构的自然语言处理模型。

随着大模型的发展，AI 模型也将成为一种服务平台。模型即服务（Mobility

as a Service，MaaS）将成为云计算服务的新范式，云计算服务的判别标准从算力能力转向云智一体的 AI 产品能力，大模型成为 MaaS 的基座，MaaS 商业模式成为大模型研发公司主要变现模式。MaaS 基于云端提供预先训练好的机器学习模型，不需要企业从头构建和维护模型。换句话说，MaaS 能够为那些需要支持应用程序或工作流程的开发人员、数据科学家和企业提供预先构建好的模型。

4.5.3　AI 大模型的分类及对比

（1）传统 AI 模型、通用大模型

小模型和大模型，简单地区分就是参数量是否超过 10 亿。传统人工智能技术仍然可以低成本解决场景中的问题，短期内不会被完全取代，大小模型相结合将是人工智能模型近期主要的发展方向。AI 模型对比如图 4-24 所示。

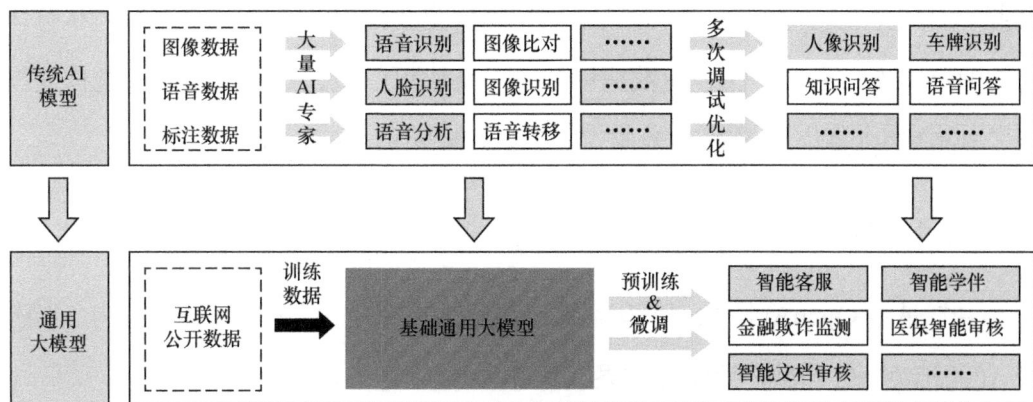

图4-24　AI模型对比

传统 AI 模型是针对较为单一场景的 AI 处理，参数量小，通用性不高。通用大模型通常是有数十亿参数或更多数量级参数的深度学习模型，其拥有更强的学习能力和表达能力。通用大模型需要标注的数据少，可以处理复杂的政企场景，多种行业场景可以共享，人力投入效率更高。通用大模型具备"智能涌现"的能力，例如语言理解能力、生成能力、逻辑推理等。

（2）通用大模型、行业大模型、专属大模型

MaaS 平台方通过大量数据构建 L0 的通用大模型，再结合行业数据训练 L1 的行业大模型，用户通过 API 或模型压缩的方式获得 L2 的垂直领域模型，即专属大模型。

通用大模型是指在大规模数据集上进行训练的模型，涵盖绝大多数领域的数据，具备较强的学习能力，但并不具有鲜明的行业属性，不能解决很多企业的具体问题。而行业大模型是指在特定的领域或行业中，基于行业数据经过微调和优化后的通用大模型。行业大模型有较强的领域行业知识学习能力，在特定场景有较强的泛化能力，在算力成本等方面有很大优势。

同时，通用大模型与行业大模型，通过一定程度的微调可以成为专属大模型，服务于专属企业的特有需求。专属大模型需要企业建立一个大型、高效、私有化的知识存储库，用于存储企业数据和信息。企业可以根据自身数据和问题构建模型，提高解决问题的准确性和效率，同时更好地保护企业的数据安全。

4.5.4 OpenAI——GPT 大模型

GPT 是由 OpenAI 团队研发创造的，OpenAI 的创立目标是与其他机构合作进行 AI 的相关研究，并开放研究成果以促进 AI 技术进步。

ChatGPT 是在 GPT 基础上进一步开发的自然语言处理模型。GPT 模型是一种自然语言处理（Natural Language Processing，NLP）模型，使用 Transformer 模型架构来预测下一个词的概率分布，通过训练在大型文本语料库上学习到的语言模式生成自然语言文本，从 GPT-1 到 GPT-3 智能化程度不断提升，ChatGPT 的出现也是 GPT-4 正式推出之前的序章。

4.5.5　国内典型案例：百度——文心大模型

百度是国内领先布局 AI 领域的科技企业之一，也是我国最早发布知识增强大语言模型产品的企业。2019 年，百度发布文心大模型 ERNIE，目前已迭代至千亿级参数的 ERNIE 3.0 Zeus。2023 年 3 月，百度相继发布了知识增强大语言模型产品"文心一言"和企业级产品"文心千帆"，可以为多个行业提供 API 及相应的开发工具链。

百度以"昆仑芯 + 飞桨平台 + 文心大模型 + 行业应用"在算力层、平台层、模型层、应用层具备完整布局。在算力层，算力基础设施均由百度智算中心支持，昆仑芯二代（百度持股 70%）已广泛应用在文心大模型；在平台层，飞桨平台以百度多年的深度学习技术研究和业务应用为基础，集深度学习核心训练和推理框架、基础模型库、端到端开发套件、丰富的工具组件于一体，是国内功能丰富、开源开放的产业级深度学习平台。文心大模型是百度基于飞桨平台研制的知识增强大模型，文心大模型从万亿级数据和千亿级知识中融合学习，具备知识增强，检索增强和对话增强等核心技术，文心大模型和飞桨平台共同构建了庞大的开发者生态。

文心大模型通过百度飞桨平台，实现了模型训练、推理部署和场景应用；在模型层，文心大模型具备自然语言处理、计算机视觉、多模态，以及生物计算四大类能力；在应用层，文心大模型将应用在电力、燃气、金融、生物医药、航天、传媒、城市、影视、制造、社科等多个行业。

4.5.6　国内其他 AI 大模型

国内大模型研发应用领域热潮持续高涨。我国的人工智能研究和发展方面已经取得了许多重大成就，涵盖了自动驾驶、无人机 / 飞行器、机器人、语音识别和自然语言处理等领域。AI 已渗透多行业多环节，其中对话式 AI 产品已在部分行业进入规模化落地阶段，优化人机交互形式、流程与赋能方案，为企业实现降本增效。

据不完全统计，截至 2023 年年底，我国有多家大型科技公司、科研院校和初创科技团队涉及人工智能大模型训练。

从大模型的布局体系来看，科技企业在算力层、平台层、模型层、应用层进行了四位一体的全面布局。百度、阿里巴巴、华为 3 家企业均从芯片到应用进行了自主研发的全面布局，例如百度的"昆仑芯 + 飞桨平台 + 文心一言大模型 + 行业应用"、阿里的"含光 800 芯片 + M6-OFA 底座 + 通义大模型 + 行业应用"、华为的"昇腾芯片 +MindSpore 框架 + 盘古大模型 + 行业应用"。垂直行业科技企业和科研院校主要以研发大模型算法和细分领域应用为主，自有算力相对薄弱，很少涉及芯片领域自主研发。

从大模型参数量看，科技企业的参数量远大于科研院所。阿里通义千问大模型参数在 10 万亿级以上、腾讯混元大模型和华为盘古大模型参数量均在万亿级以上、百度文心一言大模型参数量在 2000 亿级以上、京东言犀大模型的参数量为千亿级；垂直行业科技企业已经上线的参数量普遍在千亿级以上。

从大模型应用方向看，大部分企业前期以内部应用为主，后续主要向企业用户拓展服务，预计少数企业将在个人用户市场形成规模。目前，百度文心一言大模型、华为盘古大模型、中国科学院紫东太初大模型均在企业用户垂类市场积累了标杆应用案例，腾讯混元大模型、阿里通义千问大模型则更多聚焦公司自身业务。在个人用户市场应用方面，百度文心一言、阿里通义千问、腾讯混元 3 类大模型比较有可能向此方向拓展。

从大模型业界评估看，国内大模型与 GPT-4 有较大差距，但科技企业具备追赶实力。目前国内大模型处于百花齐放的阶段，但业界普遍认为，大模型第一梯队当属百度、阿里巴巴、腾讯、华为 4 家企业。综合实力方面，4 家企业在大模型研发投入、技术能力和人才团队实力较强；商用推进方面，4 家企业均依托现有业务领域，更容易形成大模型应用规模效应。

低空经济数字基础设施
规划原则

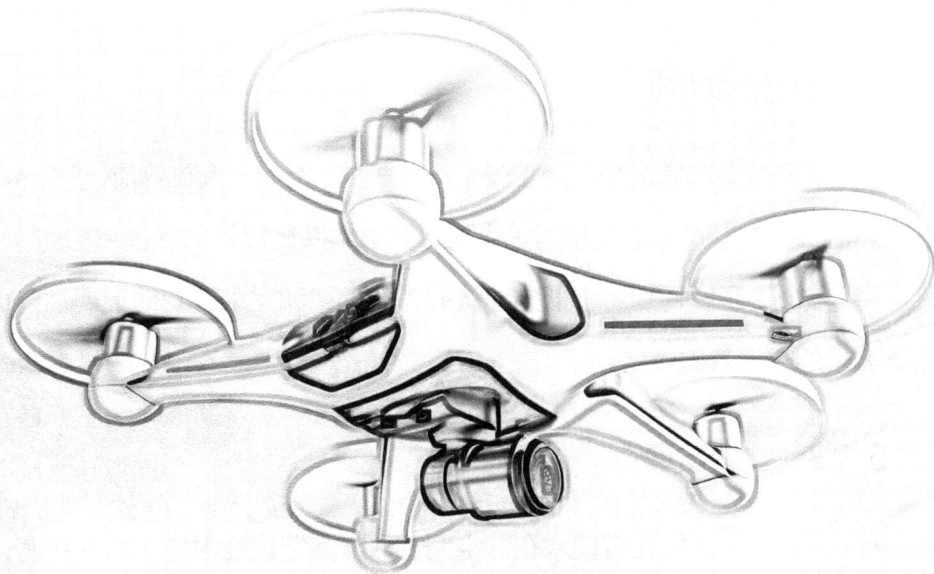

5.1 规划原则的制定依据

在制定低空经济数字基础设施规划原则时，需要综合考虑多个方面的因素，以确保规划的科学性、前瞻性和可实施性。本节将详细阐述规划原则的制定依据，包括政策指导、市场需求、技术发展、环境与安全因素等。

5.1.1 政策指导

国家政策：国家对于低空经济发展和数字基础设施建设有明确的政策战略规划，这些政策为规划原则的制定提供了宏观指导。

行业规范：航空、通信、信息等行业标准和规范是确保数字基础设施互联互通、安全可靠的基础，必须在规划原则中予以充分考虑。

5.1.2 市场需求

产业发展需求：低空经济涵盖多个产业领域，例如无人机物流、空中交通管理、航空旅游等，这些产业的发展需求直接影响数字基础设施的规模和功能。

用户需求：了解用户对于低空经济服务的期望和需求，有助于规划出更加符合市场需求的数字基础设施。

5.1.3 技术发展

技术成熟度：评估现有技术在低空经济数字基础设施中应用的成熟度，确保规划的技术方案具有可行性和可持续性。当前，低空经济在发展过程中面临三大难点：一是低空通信问题，由于低空飞行器智能化水平高，要保障对飞行数据的稳定支持，对高带宽的需求日益增加；二是低空感知难题，城市中建筑密集，卫星导航信号易受到干扰，而传统雷达的地面部署成本高昂；三是低空导航挑战，随着低空活动频次的增加和高密度飞行的需求，导航模式需要更加数字化、精细化，而这离不开通信设施的强力支撑。

技术创新趋势：关注技术创新的发展趋势，例如 5G、物联网、大数据、人工智能等，为规划原则的制定提供前瞻性的技术支持。

5.1.4　环境与安全因素

自然环境：考虑到低空经济数字基础设施所在地区的自然环境，例如地形、气候、电磁环境等，确保设施的稳定运行。

安全要求：遵循航空安全、网络安全等方面的要求，确保数字基础设施的安全可靠。

5.1.5　案例分析

通过分析国内外低空经济数字基础设施建设的成功案例，提炼出可借鉴的经验，为制定规划原则提供实践支持。

5.1.6　专家意见

邀请行业专家、学者和企业代表参与规划原则的制定，充分听取他们的意见和建议，确保规划原则的权威性和科学性。

低空经济数字基础设施规划原则的制定依据包括政策指导、市场需求、技术发展、环境与安全因素等。在制定规划原则时，综合考虑这些因素，确保规划的科学性、前瞻性和可实施性。同时，也需要关注行业发展动态和技术创新趋势，不断调整和完善规划原则，以适应低空经济快速发展的需求。

5.2　规划原则的主要内容

在低空经济快速发展的时代背景下，数字基础设施的规划尤为重要。为了指导低空经济数字基础设施的规划和有效实施，本节提出了 7 个规划原则，旨在确保规划的前瞻性、系统性、可操作性和安全性。

（1）前瞻性原则

技术前瞻：应充分考虑当前及未来一段时间内，低空经济领域的技术发展趋势，确保基础设施的技术先进性。低空从一开始就是个数字空间，想要把它利用起来、管理起来，就必须先把低空数字化，将低空空域变成可计算空域。把握数字技术应用优势，发展低空经济必须夯实基础技术领域的"数字基座"，确保无人机、有人机能够进入常态化、规模化的飞行环境。

需求前瞻：预测低空经济未来发展的潜在需求，例如无人机物流、空中交通管理、航空旅游等，确保基础设施能够满足未来需求。同时规划中要考虑城市各委办局对低空经济的需求，包括应急等公共服务领域，拓展应急救援、安防巡查、城市管理、气象探测、医疗救护、环境智能监测等应用场景。围绕文体旅游领域，拓展空中游览、航拍航摄、娱乐表演、户外运动等特色应用场景。

（2）系统性原则

整体规划：将低空经济数字基础设施作为整体进行规划，确保各子系统之间的协调性和互补性。完善低空经济顶层设计，通过顶层设计加快推进低空经济产业创新发展实施方案的落实。打造更加坚实的基建支撑，夯实智能融合基础设施，营造低空经济发展生态，整体布局综合交通、物流园区、地产物业，推动统筹建设 UAM、物流配送、低空物流共享空港等地面基础设施网络。同时，不断完善无人机识别、通信、定位、导航、监控、气象等配套设施，构建设施互联、信息互通的低空物联网络。低空经济基础设施建设和通用航空产业发展、城市建设规划、低空经济数字基础设施统筹考虑，高效推进低空经济基础设施建设。

分层规划：根据不同层次的需求，规划不同级别的数字基础设施，形成层次分明、功能完善的体系。在顶层设计部署下，研究低空经济发展专项扶持政策，对低空经济产业领域技术创新、产业化项目和新技术、新产品、新模式等给予重点支持。以推动低空经济与数字经济、文旅经济融合，进一步丰富低空消费新场景，不断提升群众的消费体验感与获得感，激发低空消费市场潜力。

（3）可操作性原则

明确目标：规划应明确具体目标，例如提高低空交通效率、降低运营成本、提升服务质量等。

细化措施：制定具体的实施措施和步骤，确保规划能够落地实施并取得预期效果。聚焦重点领域突破、低空智能融合基础设施建设、低空场景应用示范、产业能级拓展、产业生态培育等方面，找准着力点、突破口，为低空经济发展提供指导方针与政策支撑。

（4）安全性原则

航空安全：确保数字基础设施不会带来低空交通安全隐患，例如信号干扰、设备故障等。

网络安全：加强网络安全防护，防止黑客攻击、数据泄露等安全事件发生。

自主可控：坚持创新驱动，积极布局前沿的科研创新平台，当前要突破飞行器、自动化机场及无人机智能调度系统等纯自研技术产品体系，突破城市无人机降噪、城市复杂场景导航定位等核心技术。聚焦核心技术领域，充分发挥高校、企业等

133

创新载体力量，加速国产化替代进程，加快产业核心技术攻关取得新进展。

（5）可持续发展原则

产业链可持续：规划为地方城市服务，目标是抢占低空经济产业供给侧高地，培育以无人机为特色的主导产业集群。结合低空经济产业发展基础，聚力招引产业链关键环节，培育壮大本土企业，提升产业核心竞争力。特别是围绕动力系统、飞行控制系统、反制设备、导航及通信系统等细分领域精准招商，推动强链、延链、补链。

绿色环保：在规划过程中充分考虑环保因素，例如节能减排、降低噪声污染等。

资源节约：合理利用资源，避免重复建设和浪费，确保基础设施的长期使用效益。同时发展低空经济，减少土地资源占用。

（6）兼容性原则

技术兼容：确保新规划的数字基础设施能够与现有系统和技术兼容，降低升级和改造成本。

标准统一：遵循国家和行业相关标准，确保不同系统之间的互联互通和数据共享。

（7）用户友好原则

界面友好：应充分考虑用户体验，设计易于操作、界面友好的系统。

服务便捷：提供便捷、高效的服务，满足用户多样化、个性化的需求。提高金融服务对低空经济的支撑能力，通过设立各种基金等方式，探索供应链金融模式创新，支持低空经济中小型制造企业融资发展，支持优质企业和项目做大做强，促进产融结合。

制定低空经济数字基础设施规划原则，旨在为低空经济的健康发展提供有力支撑。在实际规划过程中，应充分考虑各种因素，确保规划的科学性、合理性和有效性。同时，随着低空经济的不断发展，规划原则也应随之调整和完善，以适应新的发展需求。

5.3　规划原则在实际应用中的指导意义

规划原则在实际应用中的指导意义主要体现在以下 5 个方面。

（1）明确方向与目标

规划原则为实际规划工作提供了明确的方向和目标。通过遵循前瞻性原则，规划能够充分考虑未来技术发展趋势和市场需求，确保基础设施建设的先进性和适应性。同时，系统性原则帮助规划者从整体上把握低空经济数字基础设施的架构和布局，确保各子系统之间的协调性和互补性。

（2）指导实施过程

规划原则为低空经济数字基础设施建设的实施过程提供了具体的指导。可操作性原则要求规划原则明确具体目标和细化实施措施，确保规划原则能够落地实施并取得预期效果。在实际操作中，规划者可以根据这些原则制订详细的实施计划，明确各个阶段的任务和责任人，确保建设过程有序进行。

（3）确保安全性与稳定性

安全性原则强调了在低空经济数字基础设施规划原则中必须重视航空安全和网络安全。这一原则要求规划者应采取措施确保基础设施不会对低空交通造成安全隐患，并加强网络安全防护，防止黑客攻击和数据泄露等安全事件的发生。有助于保障低空经济数字基础设施的稳定运行，维护整个系统的安全可靠性。

（4）促进可持续发展

可持续发展原则要求低空经济数字基础设施规划注重绿色环保和资源节约。在实际应用中，规划者将充分考虑环保因素，采用节能减排、降低噪声污染等技术手段，确保基础设施的建设和运营符合环保要求。同时，通过合理利用资源、避免重复建设和浪费等措施，保障基础设施的长期效益和可持续发展。

（5）提高兼容性与用户体验

兼容性原则要求新规划的数字基础设施能够与现有系统和技术兼容，确保不同系统之间的互联互通和数据共享。在实际应用中，遵循这一原则有助于提高低空经济数字基础设施的可扩展性，降低升级和改造成本。同时，用户友好原则强调了在规划过程中应充分考虑用户体验，设计易于操作、界面友好的系统，提供便捷、高效的服务，满足用户多样化、个性化的需求，有助于提高用户对低空经济数字基础设施的满意度和忠诚度。

规划原则在实际应用中具有重要的指导意义：不仅为低空经济数字基础设施规划提供了明确的方向和目标，还指导了实施过程、确保了安全性与稳定性、促进了可持续发展、提高了兼容性与用户体验。因此，在规划低空经济数字基础设施时，应充分遵循这些原则。

低空经济数字基础设施
规划与设计要点

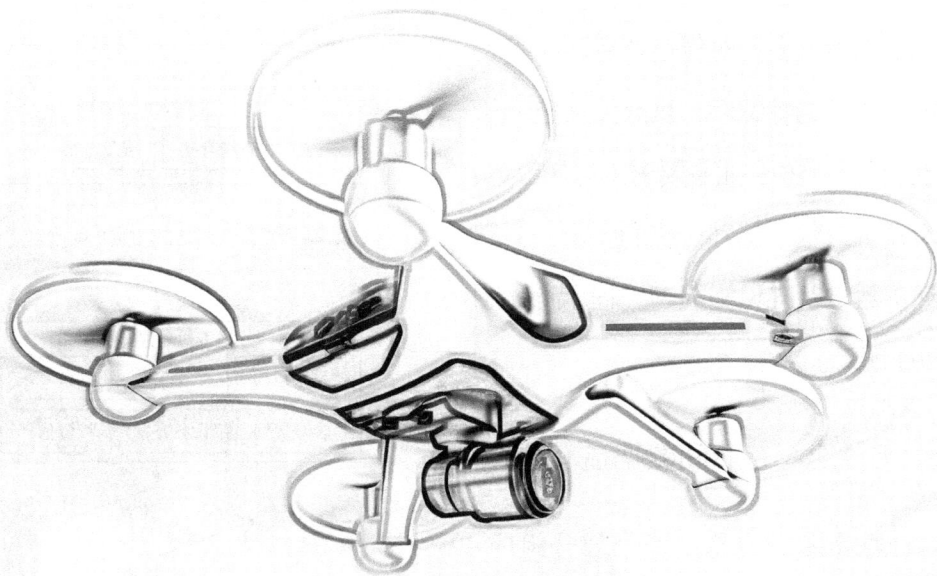

6.1 规划总体流程

低空经济数字基础设施涉及端到端的基础设施能力支持，涉及无线网、承载网、核心网、数据中心、云计算、平台等方向，整体方案应满足不同场景下的低空业务需求，各数字基础设施专业间需要做好协同。

6.1.1 规划流程图

服务于低空业务的数字基础设施规划流程与常规规划一致，包含规划准备、初步规划方案和详细规划方案3个阶段，应逐步明确规划目标，细化规划方案。在针对低空业务时，需要关注业务的特殊性，重点关注空域管理、业务类型、业务要求（包含带宽、时延）对数字基础设施的要求。低空经济数字基础设施规划流程示意如图6-1所示。

6.1.2 专业间数据流转协同

数字基础设施由多个部分组成，各专业间相互协同，满足能力要求。主要信息交互包含以下要点。

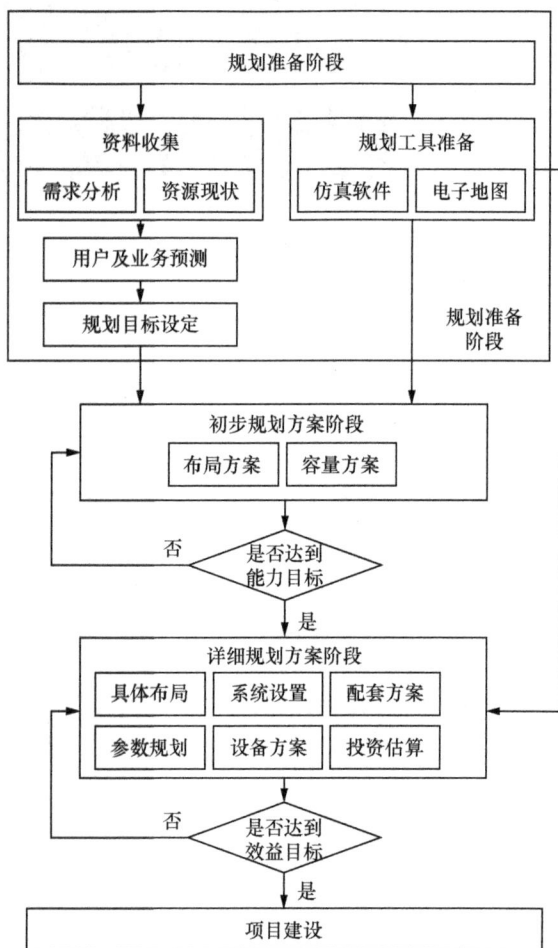

图6-1 低空经济数字基础设施规划流程示意

（1）算力基础设施

根据业务热力分布及时延等方面要求，确定算力资源分布。同时，应满足核心网、承载网、平台相关设施的布设要求。

（2）网络基础设施

核心网与无线网重点满足业务需求及分布，其本身的规划设计方案将作为承载网方案编制输入。同时，承载网也需要满足数据中心之间的数据传输要求。

（3）平台基础设施

应满足业务发展及空域管理等方面的需求，同时还需要设置算力、网络相关的资源管理平台。

专业间数据流转示意如图 6-2 所示。

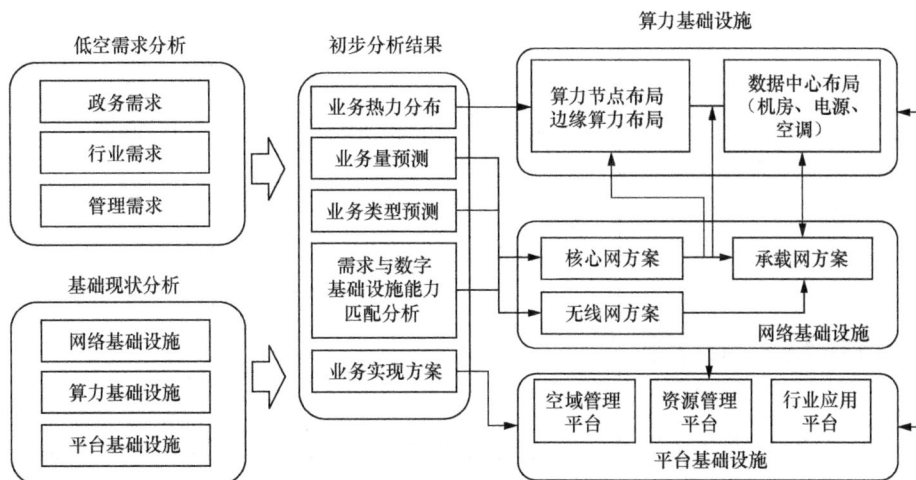

图6-2 专业间数据流转示意

6.2 规划目标与策略制定

在正式规划前，需要针对收集需求及资源现状情况，明确整体的规划目标及规划策略。

6.2.1　规划目标

整体规划目标主要包含需要满足的空间范围和业务需求（映射到网络能力就是带宽能力、时延要求、容量能力等）两个方面，细化到各个专业的过程就是需求与数字基础设施能力匹配的过程。总体包含预覆盖的总体区域，并针对总体区域内的不同区域类型，分别制定各自的覆盖、容量、质量和业务种类等方面的具体规划目标，以及不同区域内提供的具体业务类型、用户总体规模、用户分布、管控要求、边缘数据业务最低速率、覆盖率、容量目标、业务等级、业务并发率、时延要求等。

6.2.2　规划策略

在确定数字基础设施目标后，需要明确各类数字基础设施的规划策略，在这个阶段，将明确各类数字基础设施的技术选择（包含技术方案、频率方案、设备型号等）、安全等级等方面，同时也需要根据资源现状，明确利旧原则、共建共享原则等，结合效益目标，分析投资成本等总体策略要求。

6.3　方案规划设计要点

本节将围绕网络基础设施、算力基础设施和平台基础设施3个方面来分析方案规划设计要点。

6.3.1　网络基础设施

6.3.1.1　无线网

低空网络无线基站规划设计要点与地面蜂窝网基本一致，分为站址规划、频率方案、设备选型、配套方案、射频参数设置和无线参数设置。但区别于地面蜂窝网，低空无线网需要实现空域立体覆盖，应根据具体业务需求实现 1000 米空域或更高的空域覆盖要求，并考虑到与地面的平滑切换。同时，由于空间传播环境与地面差异较大，也需要关注电波传播中多径、损耗方面的差异。

1. 站址规划

站址规划的任务就是开展业务分析，结合实地勘察情况，找出适合放置基站站址的位置。

站址资源对于运营商来说非常宝贵，在进行站址规划时，应结合链路预算结果和现网资源分析，明确站点分布和基本设置，充分考虑到现有网络站址的利旧情况，核实现有基站的位置、高度是否符合新建要求，共址建设还需要考虑系统之间的干扰控制问题。站址规划流程如图 6-3 所示。

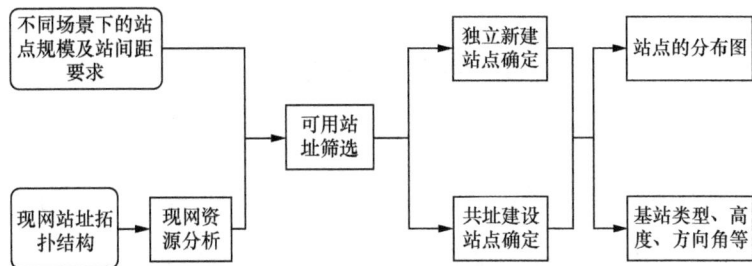

图 6-3 站址规划流程

低空空域相比地面场景，具有空旷度较高、区域差异小的特点，因此基本按照理想化的蜂窝形态进行规划拓扑，不同高度的覆盖要求会影响站间距，以 5G C-Band 为例，根据实际测试情况，在不同的覆盖高度场景下，站间距约为 6 ～ 7 千米。

2. 频率方案

国内运营商最早获取的 5G 频段主要是 2.6GHz 频段（中国移动）、3.5GHz

频段（中国电信和中国联通）以及 4.9GHz 频段（中国移动和中国广电），随着 2G/3G 退网以及 5G 网络普及率的提升，工业和信息化部陆续给原用于 2G/3G/4G 的 700MHz、800MHz、900MHz 及 2.1GHz 等频段进行松绑，可重耕用于 5G 建设。当前 5G 频率分布情况如图 6-4 所示。

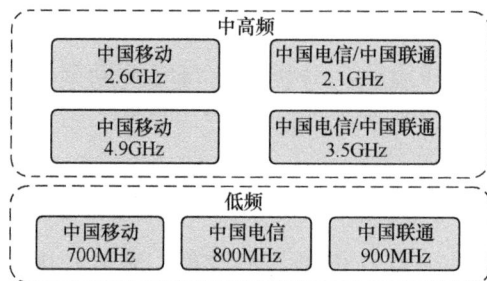

图6-4　当前5G频率分布情况

频率方案主要取决于容量、干扰因素。对于高容量需求，优先选择 3.5GHz、2.6GHz 频段，可提供 100MHz 的系统带宽，通过载波聚合还可以进一步提升系统带宽；对于低容量场景，可选择重耕后的低频频段，低频频段在覆盖能力方面优于高频频段，整体建设成本更低。

针对覆盖低空业务的 5G 基站与覆盖地面用户的 5G 基站采用同频的场景，需要通过合理的规划和优化，控制覆盖低空的各 5G 小区的信号覆盖范围，既要避免信号覆盖不连续或出现覆盖盲区，又要避免信号过覆盖而干扰到其他小区。在频段资源允许的条件下，建议覆盖低空的 5G 网络与覆盖地面的 5G 网络采用异频组网，以消除同频干扰；也可以选择规划专用频率系统，即专网模式，该专用频率只在一定地域和空域范围内用于覆盖低空的 5G 基站，其他基站则采用不同的频率。

3. 设备选型

5G 设备选型主要是依据通道数和功率，结合低空覆盖的特点，建议按照以下原则进行选取。

（1）通道选择

对于 3.5GHz/2.6GHz 频段，AAU 设备主要包括 64T64R、32T32R、16T16R 这 3 种类型，考虑到低空场景具有范围广、无人机移动速度快等特点，优先选择 64T64R 设备，可以有效发挥 M-MIMO 的波束赋形技术优势，也可以拆分波束，实现部分覆盖空域、部分覆盖地面，降低建设成本；对于中低频重耕频段，一般采用 RRU+ 天馈线的设备形态，RRU 包括了 8T8R、4T4R 及 2T2R 等形式，考虑到空域覆盖能力需求，可优先选择 8T8R 通道，多通道设备可通过连接不同的天线满足一台设备同时覆盖空域和地面的需求。

（2）功率选择

基站的发射功率主要影响下行覆盖范围，目前 5G 基站的最大发射功率通常可以达到 200W，甚至更高，在低空空域场景下，存在较多的大上行场景，对上行要求进一步提升，而上行受限的情况也较地面更为显著。因此，并不是功率越大越好，还需要结合具体需求，尽量满足上下行链路平衡。

4. 配套方案

基站配套主要包括塔桅配套及电源配套，整体设计方案与地面站基本一致，从成本的角度考虑，可优先共享现有站点的配套设施，但需要做好塔桅承重、电源容量等方面的分析，满足新增低空站点的需求。需要注意的是，低空站点主要服务于 toB、toG 类业务，对于电源配套的保障要求较高。

5. 射频参数设置

基站射频参数主要包含天线挂高、方位角和倾角。

（1）天线挂高

天线挂高是指天线或者 RRU 悬挂的相对地面的距离，最佳高度为比周围建筑物平均高 2 ～ 3 层，一般挂高选择 40 ～ 60 米为宜，考虑到降低越区覆盖风险，同区域选择的低空站点高度应保持一致。

（2）方位角

方位角是天线辐射的水平外包络，3dB 水平波宽对应的中间指向，相对于正北方向的角度。区别于地面站点，方位角设置可按照理想的蜂窝网进行设置，并在无人机活动空间内，避免第一菲涅尔区的阻挡导致的电磁波传播产生不良影响。菲涅尔区示意如图 6-5 所示。

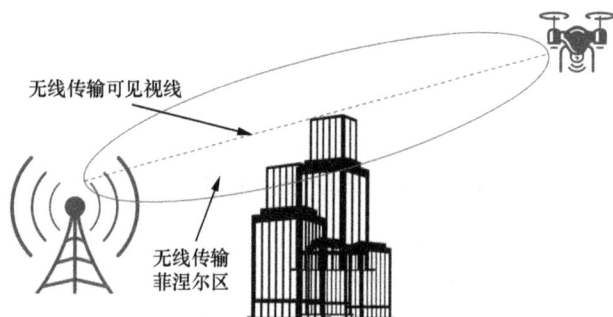

无线传输可见视线

无线传输菲涅尔区

图 6-5　菲涅尔区示意

（3）倾角

对于某一个波束，该波束的垂直法线，等于该波束天线图垂直刨面外包络 3dB 垂直波宽对应的中间指向。

（4）传统天线

下倾角是小区级的，不区分信道。倾角（机械下倾或电下倾）的调整，会影响小区所有信道的覆盖。

（5）5G M- MIMO

下倾角是信道级的，且同步广播块（Synchronization Signal/PBCH Block，SSB）、业务信道对应不同的天线方向图，需要分别为 SSB、业务信道 [可间接通过信道状态信息参考信号（Channel State Information Reference Signal，CSI-RS）

表征],进行下倾角规划。其中,涉及机械下倾、SSB 可调电下倾、CSI-RS 波束下倾角。

① SSB 下倾角

SSB 总下倾角 =5G 小区机械下倾 + SSB 可调电下倾。

SSB 下倾角,影响用户在网络中的驻留、NR 小区覆盖区域。

② CSI-RS 下倾角(业务信道下倾角)

业务信道为动态波束。CSI-RS 下倾角影响用户的体验,例如吞吐率、业务时延等。倾角设置示意如图 6-6 所示。

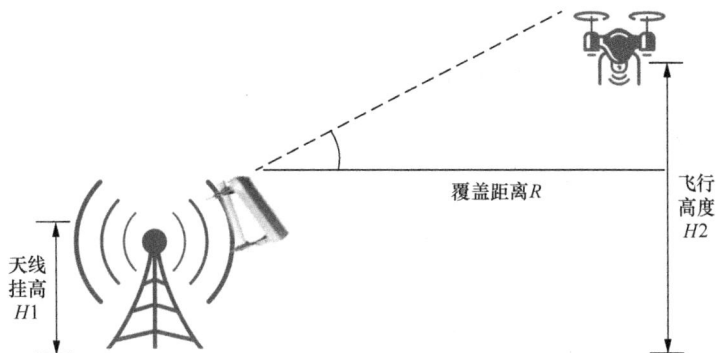

覆盖距离 R

飞行高度 $H2$

天线挂高 $H1$

图 6-6　倾角设置示意

6. 无线参数设置

(1)物理小区标识(Physical Cell Identification,PCI)规划

5G 有 1008 个 PCI,这些 PCI 被分为 336 个组,每组包括 3 个 PCI,PCI 是 5G 小区的重要参数,每个小区对应一个 PCI,用于无线侧区分不同的小区,影响下行信号的同步、解调及切换。为小区分配合适的 PCI,对 5G 无线网络的建设与维护具有重要意义。

PCI 规划原理与地面站原则一致。

① 避免 PCI 冲突和混淆

• 无冲突原则：相邻小区不能分配相同的 PCI。若邻近小区分配相同的 PCI，会导致 UE 在重叠覆盖区域无法检测到邻近小区，影响切换、驻留。

• 无混淆原则：服务小区的频率相同邻区不能分配相同的 PCI，若分配相同的 PCI，则当 UE 上报邻区 PCI 到源小区所在的基站时，源基站无法基于 PCI 判断目标切换小区，若 UE 不支持全球小区识别码（Cell Global Identifier，CGI）上报，则不会发起切换。

② 提升网络性能

基于 3GPP PUSCH DMRS ZC 序列组号与 PCI Mod30 相关；对于 PUCCH DMRS、SRS，算法使用 PCI Mod30 作为高层配置 ID，选择序列组。因此，邻近小区的 PCI Mod30 应尽量错开，以保证上行信号的正确解调。

大部分干扰随机化算法均与 PCI Mod3 相关，因此，邻近小区的 PCI Mod3 应尽量错开，以确保算法的增益。

对于低空基站，当采用 M-MIMO 时，不同 SSB 可以设置不同的 PCI，以实现与地面波束的区分；当采用 RRU 通道劈裂，不同通道也可以设置不同的 PCI。

（2）邻区规划

由于低空站点易产生越区覆盖，因此做好邻区规划格外重要，尤其应遵循以下 2 项基本原则。

① 地理位置上或空域内直接相邻的小区一般要作为邻区。

② 邻区一般都要求互为邻区，即 A 扇区把 B 扇区作为邻区，B 扇区也要把 A 扇区作为邻区。

3. 跟踪区编码（Tracking Area Code，TAC）规划

TAC 用于标识跟踪区域，它是用于移动性管理的一个重要参数，位置区不宜过大，也不宜过小。过大，则可能导致寻呼过载；过小，则会导致位置区频繁更新、信令开销较大，或导致信令风暴。

对于低空站点的 TAC 设置，需要考虑网络的跟踪区域划分、网络容量、用户分布、移动性等因素，在低空专网场景建设方面，也可以通过划定低空特定 TAC 白名单，避免无人机接入公网基站。

6.3.1.2　核心网

1. 建设策略

（1）分阶段部署策略

5G 核心网采用 SBA 架构，网元及接口数量相比 4G 核心网大幅增加，3GPP 标准进展也不一致。因此，运营商应综合考虑业务需求、标准规范及设备的成熟度等因素，分阶段部署，避免超前建设。

（2）分层部署策略

5G 核心网实现了控制面和承载面的分离，控制面网元、用户面网元均可独立扩容或升级，互不影响。

① 控制面网元：按照虚拟化、大容量、少局所、集中化原则进行部署，有利于实现资源利用率的最大化，同时通过集中运维，降低运营性支出（Operational Expenditures，OPEX）。

② 用户面网元：根据业务需求，可以分层部署，必要时可靠近用户下沉部署，降低时延，实现数据不出园区，提升用户体验。

（3）容灾策略

5G 核心网采用三级容灾备份机制，以提高网络的整体可靠性。

① VNF 组件级容灾：类似于传统网元的板卡备份。

② 网元级容灾：可采用 pool、负荷分担、主备等方式实现。

③ 数据中心级容灾：5G 核心网中具有容灾备份关系的网元应至少设置在两个异局址数据中心机房，实现地理容灾。

2. 网元设置

（1）AMF

AMF 负责完成 NAS 信令处理、移动性管理、连接管理、附着管理、接入认证鉴权等。

AMF 采用 AMF pool 组网，pool 内包含多个功能相同的 AMF。无线连续覆盖的区域划分在同一个 AMF pool 内，AMF pool 内单厂家组网。AMF pool 内的 AMF 尽量等容量规划，若容量不同，则可以通过设置权重因子实现负荷均衡。AMF pool 内的 AMF 跨 DC 设置。5G 基站与归属 AMF pool 内的 AMF 之间全连接。

（2）SMF

SMF 负责 UE IP 地址分配和管理、会话管理、选择和控制 UPF、配置 UPF 的流量路由、计费信息采集等。

SMF 采用 SMF pool 组网，pool 内包含多个功能相同的 SMF。SMF pool 区域与 AMF 区域一对一或一对多，无线连续覆盖的区域划分在同一个 pool 内。SMF pool 内单厂家组网，理论上网元个数不限。SMF pool 内的 SMF 跨 DC 设置。

AMF pool、SMF pool 可以有效应对业务量"潮汐效应"、业务量分布不均衡、节假日和平日业务量差异大等问题。

（3）UPF

UPF 负责分组路由和转发、用户面策略执行、QoS 调度、流量报告等。

结合业务需求，UPF 可分层部署在省中心、地市、区县或园区，UPF 下沉主要是满足低时延、大带宽和大计算业务的需求。相同层次的 UPF 之间采用 $N+1$ pool 方式实现负载均衡和容灾备份，可跨 DC 设置。UPF 的服务区域不能超越 SMF 的服务区域。UPF 和 SMF 之间采用 C/U Full Mesh 全互联架构，UPF 支持同时和多个 SMF 建立连接，支持来自多个 SMF 的用户激活和业务处理流程。

（4）UDM 及 UDR

5G 核心网数据库采用前后端分离架构，UDM 作为数据库前端（Front-End，FE），UDR 作为数据库后端（Back-End，BE），UDM 访问 UDR 获取用户签约数据。

UDM 具有用户签约数据管理、认证信息生成、移动性管理、会话管理等功能，采用 $N+1$ 方式进行容灾备份，跨 DC 设置。

UDR 是 5G 核心网的统一数据库，实现签约数据、策略数据、结构化数据、应用数据等存储和访问功能。UDR 采用 $1+1$ 方式进行容灾备份，跨 DC 设置。

UDM/UDR 可向下兼容 4G 核心网归属用户服务器（Home Subscriber Server，HSS）功能。

（5）AUSF

AUSF 支持 3GPP 和非 3GPP 用户的接入鉴权。

AUSF 一般与 UDM/UDR 合设，容灾备份方式同 UDM/UDR。

（6）PCF

PCF 负责为会话选择相应的策略规则，采用前后端分离架构，PCF-FE 访问 PCF-BE 获取用户策略签约数据。

PCF-FE 采用 $N+1$ 方式进行容灾备份，PCF-BE 采用 $1+1$ 主备，均跨 DC 设置。

PCF 可向下兼容 4G 核心网策略与计费规则功能单元（Policy and Charging Rules Function，PCRF），PCF/PCRF 仅为在 5G 核心网 UDM/HSS 中签约的 4G/5G 用户提供服务。

（7）NRF

NRF 负责存储 5G 核心网各个 NF 的信息，接收和处理 NF 发现请求。

NRF 可采用骨干 NRF（H-NRF）和省 NRF（L-NRF）两级组网架构部署。H-NRF 转发各省间 NF 的发现请求，可按大区设置，各大区间的 H-NRF 全连接互联。L-NRF 负责省内 NF 的注册、发现与授权，L-NRF 与 H-NRF 之间路由可达。一般省级层面设置一对 L-NRF。

NRF 采用 1+1 主备方式进行容灾备份，跨 DC 设置。

（8）NSSF

NSSF 负责为 UE 提供网络切片实例集，选择 NSSAI 和 AMF Set，确定终端允许接入的切片，采用 1+1 主备方式进行容灾备份，跨 DC 设置。

（9）绑定支持功能（Binding Support Function，BSF）

BSF 负责 PCF 的会话绑定，支持 Diameter 接口，采用 1+1 互备方式进行容灾备份，跨 DC 设置。

3. 业务模型及带宽计算

5G 核心网工程设计使用的信令、业务及计费模型，应结合现网实际运行情况、统计数据、5G 网络的业务特性、业务变化趋势等因素综合确定。

（1）5G 核心网业务和信令模型主要参数

① 5G 用户数。

② 开机率。

③ 4G 回落比。

④ 忙时平均每用户 AMF 注册次数。

⑤ 忙时平均每用户 AMF 注销次数。

⑥ 忙时平均每用户分组数据单元（Packet Data Unit，PDU）会话数。

⑦ 忙时平均每 PDU 吞吐率。

⑧ 忙时平均每用户 PDU 会话建立次数。

⑨ 忙时平均每用户 PDU 会话修改次数。

⑩ 忙时平均每用户 PDU 会话释放次数。

⑪ 忙时每秒同时激活 DNN 峰值系数。

⑫ 忙时平均每用户 QoS Flow 建立次数。

⑬ 忙时平均每用户 QoS Flow 删除次数。

⑭ 忙时平均每用户 Service Request 次数。

⑮ 忙时平均每用户寻呼次数。

⑯ 忙时平均每次寻呼 5G 基站个数。

⑰ 忙时平均每用户语音呼叫次数。

⑱ 忙时平均每用户 NAS 短消息数。

⑲ 平均包长。

⑳ 上行流量比例、下行流量比例。

㉑ 忙时平均每用户 NRF 查询次数。

㉒ 忙时平均每用户 NSSF 查询次数。

㉓ 忙时平均每 PDU 计费消息数。

㉔ 忙时平均每 PDU 计费话单数。

㉕ 内容计费规则数。

㉖ 忙时集中系数。

（2）5G 核心网计费模型主要参数

① 忙时平均每 PDU 计费消息数。

② 忙时平均每 PDU 计费话单数。

③ 内容计费规则数。

④ 忙时集中系数。

（3）5G 核心网工程设计的业务带宽计算主要接口

① N3（UPF 与基站间接口）。

N3 接口带宽 = 5G 用户数 × 开机率 ×（1–4G 回落比）× 忙时平均每用户 PDU 会话数 × 忙时平均每 PDU 吞吐率 ×（1+N3 接口开销比）× max（上行报文占比，下行报文占比）÷ 接口带宽利用率。

② N9（UPF 与 I–UPF 间接口）。

N9 接口带宽 = 5G 用户数 × 开机率 ×（1–4G 回落比）× 忙时平均每用户 PDU 会话数 × 忙时平均每 PDU 吞吐率 ×（UPF 与 I–UPF 间业务疏通比例）×（1+N9 接口开销比）× max（上行报文占比，下行报文占比）÷ 接口带宽利用率。

③ N6（UPF 与外部数据网间接口）。

N6 接口带宽计算方法参考 N3 接口带宽计算方法。

若 UPF 为 4G/5G 融合网元，则相关业务带宽计算还应叠加纯 4G 用户和 5G 回落 4G 用户的业务需求。

信令带宽和计费带宽流量通常不大，不会成为网络的瓶颈，可以弱化计算。

（4）5G 核心网各接口之间应遵循以下协议

① AMF 与 5G 基站间的信令采用流控制传输协议（Stream Control Transmission Protocol，SCTP）/IP。

② UPF 与 5G 基站间的用户数据传输采用 GPRS 隧道协议用户面（GPRS Tunneling Protocol–User Plane，GTP–U）/用户数据报协议（User Datagram Protocol，UDP）。

③ N7、N8、N10、N11、N12、N14、N15、N22、N27、N40 等服务化接

口采用超文本传输协议（Hyper Text Transfer Protocol，HTTP）/ 传输控制协议（Transmission Control Protocol，TCP）。

④ N26 接口采用 GTP 控制面（GTP-C）/UDP。

⑤ 5G 核心网与外部数据网间采用 IP。

4. 网元容量及资源池需求计算

网元容量及资源池需求计算应结合用户预测、业务模型和网元容量处理能力门限、容灾备份方式进行测算和配置，测算流程如下。

第一步：根据工程满足期的用户预测和业务模型，计算各种网元的网络容量需求。

（1）分类计算用户容量需求

分类计算用户容量需求主要包括 5G 附着用户容量、4G 附着用户容量、5G 静态用户容量、长期演进语音承载（Voice over Long-Term Evolution，VoLTE）/新空口承载语音（Voice over New Radio，VoNR）注册用户容量，以及 VoLTE/VoNR 静态用户容量，计算方法如下。

5G 附着用户容量 =5G 用户数 × 开机率 × 附着用户容量系数 ×（1-4G 回落比）。

4G 附着用户容量 =5G 用户数 × 开机率 × 附着用户容量系数 ×4G 回落比。

5G 静态用户容量 = 5G 用户数 × 静态用户容量系数。

VoLTE/VoNR 注册用户容量 = 5G 附着用户容量 + 4G 附着用户容量。

VoLTE/VoNR 静态用户容量 = 5G 静态用户容量。

（2）计算各网元的网络容量需求

结合各网元功能分别计算网络容量需求，计算方法如下。

网络容量需求 =5G 容量需求 + 回落 4G 容量需求 ×4G 折合系数 + VoLTE/VoNR 容量需求 ×VoLTE/VoNR 折合系数。

4G 折合系数和 VoLTE/VoNR 折合系数参考设备供应商提出的设备性能指标

和现网运行情况，分网元综合确定。

第二步：根据不同网元的容量处理能力门限和容灾备份方式，计算网元套数和每套网元容量（分为主用容量和主备总容量）。运营商结合设备供应商提出的设备能力及网络安全运营的需要，综合确定各种网元的容量处理能力门限。

（1）采用 pool 或 $N+1$ 备份方式的控制面网元

采用 pool 或 $N+1$ 备份方式的控制面网元主要包括 AMF、SMF/GW-C、UDM-FE、HSS-FE、PCF/PCRF-FE、CG 网元，计算方法如下。

网元主用套数 =roundup（网元总容量需求 / 网元容量门限）。

网元备用套数 = roundup（网元主用套数 $/N$），N 表示每 N 套主用对应 1 套备用。

网元套数 = 网元主用套数 + 网元备用套数。

单套网元主用容量 = 网元总容量需求 / 网元套数。

单套网元主备总容量 = 网元总容量需求 / 网元主用套数。

（2）采用 1+1 备份方式的控制面网元

采用 1+1 备份方式的控制面网元主要包括 UDM/HSS-BE、PCF/PCRF-BE、NRF、NSSF、BSF 网元，计算方法如下。

网元套数 =roundup（网元总容量需求 / 网元容量门限）×2。

单套网元主用容量 = 网元总容量需求 / 网元套数。

单套网元主备总容量 = 网元总容量需求 / 网元套数 ×2。

（3）采用 $N+1$ 备份方式的用户面网元

UPF/GW-U 网元采用 $N+1$ pool 方式，计算方法如下。

网元主用套数 =roundup[max（承载容量需求 / 网元承载门限，吞吐量需求 / 网元吞吐量门限）]。

网元备用套数 = roundup（网元主用套数 $/N$），N 表示每 N 套主用对应 1 套备用。

网元套数 = 网元主用套数 + 网元备用套数。

单套网元主用容量_承载容量需求 = 承载总容量需求 / 网元套数。

单套网元主用容量_吞吐量容量需求 = 吞吐量总容量需求 / 网元套数。

单套网元主备总容量_承载容量需求 = 承载总容量需求 / 网元主用套数。

单套网元主备总容量_吞吐量容量需求 = 吞吐量总容量需求 / 网元主用套数。

第三步：参考设备性能指标，确定每种网元对资源池计算资源、存储容量、存储读写能力的单套网元基础需求及单位容量需求，结合网元套数、每套网元主备总容量，分别计算各种网元对资源池的需求并合计汇总，再加上 MANO 和 EMS 对资源池相对固定的需求，计算资源池总需求。

以计算资源需求（vCPU）为例。

网元$_i$_vCPU 需求 = Σ_j（每套网元 vCPU 基础需求 + 单套网元主备总容量需求 × 单位容量 vCPU 需求），网元$_i$ 表示第 i 种网元，网元$_i$ 包含 j 个相同网元。

DC 总 vCPU 需求 = Σ_i（网元$_i$_vCPU 需求）+MANO_vCPU 需求 +EMS_vCPU 需求。

第四步：根据物理机配置参数和存储设备配置参数、资源池容量备份要求（物理机冗余、亲合 / 反亲合性等），计算资源池具体配置的物理机和存储数量。

5. 主要编号

（1）用户相关标识

① 用户永久标识（Subscription Permanent Identifier，SUPI），类型要求为国际移动用户标志（International Mobile Subscriber Identity，IMSI），在移动网中唯一识别移动用户的身份标识。

② 用户隐藏标识（Subscription Concealed Identifier，SUCI），可用于在空口上隐藏 SUPI，来保证用户的隐私和安全。SUCI 的格式如图 6-7 所示。

SUCI					
SUPI类型	归属网络标识	路由标识	保护策略标识	归属网络公钥	保护策略输出
取值 0~7	格式取决于 SUPI的类型	1~4个数字	取值 0~15	取值 0~255	格式取决于 使用的保护策略

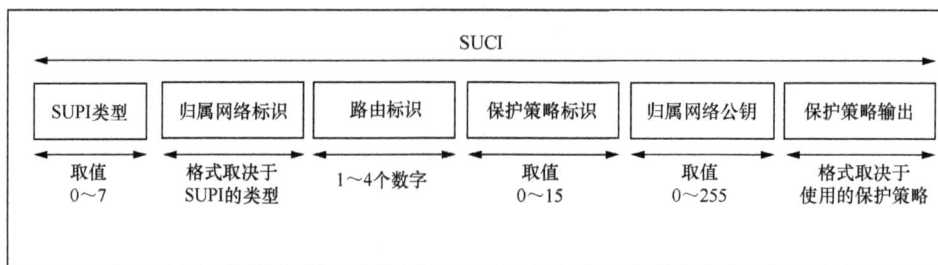

图6-7 SUCI的格式

③ 5G 全球唯一临时标识（5G Globally Unique Temporary Identifier, 5G-GUTI）是 AMF 给初始注册完成 UE 分配的临时标识，可用于避免 SUPI 等用户私有标识暴露在网络传输中。5G-GUTI 与 4G-GUTI 的对应关系如图 6-8 所示。

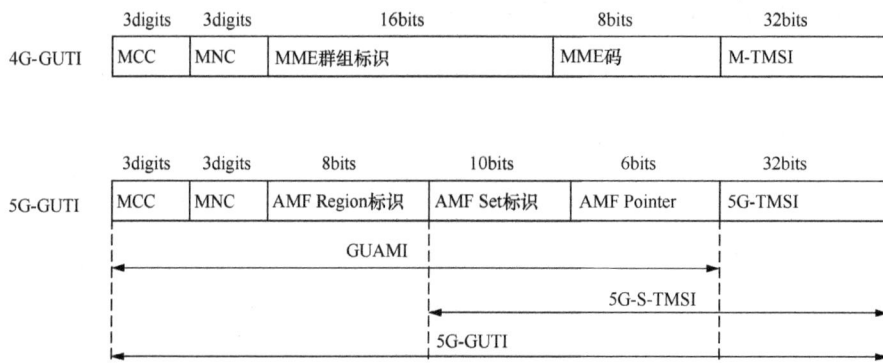

	3digits	3digits	16bits		8bits	32bits
4G-GUTI	MCC	MNC	MME群组标识		MME码	M-TMSI

	3digits	3digits	8bits	10bits	6bits	32bits
5G-GUTI	MCC	MNC	AMF Region标识	AMF Set标识	AMF Pointer	5G-TMSI

GUAMI

5G-S-TMSI

5G-GUTI

图6-8 5G-GUTI与4G-GUTI的对应关系

④ 永久设备标识（Permanent Equipment Identifier，PEI），通常为 IMEI，可用于标识终端设备，验证终端设备的合法性。

⑤ 通用公共用户标识（Generic Public Subscription Identifier，GPSI）通常为移动用户国际 ISDN/PSTN 号码（Mobile Subscriber International ISDN/PSTN Number，MSISDN）。MSISDN 由国家码和国内有效移动用户电话号码两个部分组成，中国的国家码为 86。

（2）网络相关标识

① GUAMI。全球唯一 AMF 标识（Globally Unique AMF Identifier，GUAMI），

由 MCC+MNC+AMF Identifier 组成。其中，MCC 及 MNC 的编号原则与 IMSI 中的相同，AMF Identifier 由 AMF Region ID（8bits）+AMF Set ID（10bits）+AMF Pointer（6bits）组成，共 24bits，由运营商统一规划。

② NF 完全合格域名（NF Fully Qualified Domain Name，NF FQDN）。NF FQDN 与 4G 核心网的设备编号相当。

③数据网络名称（Data Network Name，DNN）。DNN 与接入点名称（Access Point Name，APN）相当，可用于为 PDU 会话选择 SMF/UPF、N6 接口和会话策略。

DNN 由网络标识 NI 和运营商标识 OI 两个部分组成，最大长度为 100 个 8bits。DNN-NI 分为通用 DNN 和专用 DNN。通用 DNN 是为支持全网接入的外部数据网分配的 DNN，此类 DNN 不包含用户的归属地区域信息；专用 DNN 是为非全网性接入的外部数据网分配的 DNN，该类 DNN 包含用户的归属地区域信息。DNN-OI 可用于用户的国际漫游 / 跨运营商漫游。

④ 跟踪区标识（Tracking Area Identity，TAI）。TAI 用来标识跟踪区，在整个网络中唯一，编号由 3 个部分组成，即 TAI = MCC+MNC+TAC，TAC 长 24bits。

（3）切片标识

切片标识单网络切片选择辅助信息（Single Network Slice Selection Assistance Information，S-NSSAI），由切片 / 业务类型（Slice/Service Type，SST）与切片区分符（Slice Differentiator，SD）两个部分组成。S-NSSAI 格式见表 6-1。

表6-1　S-NSSAI格式

SST	SD	
8bits	6bits	18bits
切片类型编号	区域标记	区域内自行编号

说明如下。

① SST 长 8bits，用于切片类型编号。0～127 属于标准化 SST 范围，由 3GPP

统一定义，并且在全球有效，其中，SST=1 表示 eMBB，SST=2 表示 uRLLC，SST=3 表示 mMTC，SST=4 表示 V2X。128～255 属于非标准化 SST 范围，由运营商自行定义，后续可根据业务需求进行补充。

② SD 长 24bits，由运营商自行规划，其中前 6bits 用于区分区域，标识全国、跨省、省内业务的切片，全国统一分配，后 18bits 为该区域内自行编号。

（4）IP 地址

① UE IP 地址。运营商根据业务形式不同，可给 UE 分配动态 IP 地址或静态 IP 地址，公有 IP 地址或私有 IP 地址。终端 IP 地址支持 IPv4 单栈、IPv6 单栈、IPv4/IPv6 双栈。

② NF IP 地址。5G 核心网的所有网元优先分配 IPv6 地址，当部分网元需要与仅支持 IPv4 的设备互通时，可分配 IPv4/IPv6 双栈地址。

6. 网管

5G 核心网网管系统功能分为网元级和网络层两级管理功能。网元级管理功能对所管设备进行配置管理、告警管理、软／硬件维护管理、状态检测和安全管理等。网络级管理功能主要是分析网络整体拓扑，对网络性能进行检测、统计与分析，监测网络流量、控制网络拥塞等。

5G 核心网采用 NFV 技术，因此，5G 核心网网管包括 EMS 和 MANO。EMS 采用设备厂家自带的部署模式，提供网元的 FCAPS[1] 等管理功能，可管理 NFV 技术架构下 VNF 业务层面的告警。MANO 管理和监控 5G 核心网网络的云计算基础设施层资源，对资源进行编排，并对 VNF 进行生命周期管理。

EMS 采用云化部署方式，参照 5G 核心网以省或大区为单位设置，便于集

1　FCAPS：Fault，Configuration，Accounting，Performance and Security，错误、配置、记账、性能和安全。

中维护管理。EMS 支持分权分域管理，其应用节点、数据处理节点等软件模块应采用负荷分担的集群架构，可通过水平扩展的方式支持在线平滑扩容。云化 EMS 等同于普通 VNF，支持 MANO 管理，响应 MANO 的各类生命周期管理，例如自动化的一键部署、实例化、弹性伸缩、实例终止等。EMS 北向接口支持公共对象请求代理结构（Common Object Request Broker Architecture，CORBA）或简单对象访问协议（Simple Object Access Protocol，SOAP），接入运营商的 OSS/BSS。EMS 功能包括拓扑管理、告警管理、配置管理、性能管理、安全管理、操作维护管理和系统管理等。

MANO 参照 5G 核心网以省或大区为单位建设，遵循灵活部署的原则，其 NFVO、VNFM、VIM 3 个功能模块在逻辑上独立，通过标准接口互通，可根据需要采用分设或合设的方式。MANO 部署在云计算资源池上，严格控制管理接口的访问，关闭不必要的端口和服务。

5G 核心网网管支持主备异地容灾方案，运营商可按需建设异地容灾系统。

7. 计费

根据计费信息处理实时性的不同，计费可分为离线计费和在线计费两种方式。与 4G 网络计费系统采用离线计费和在线计费分离的架构不同，5G 网络采用了离线计费和在线计费的融合计费系统（Combined Charging System，CCS）架构，5G 核心网网元通过统一的 SBI Nchf 与 CCS 交互。

CCS 由计费功能（Charging Function，CHF）、计费网关功能（Charging Gateway Function，CGF）、批价功能（Rating Function，RF）和账户余额管理功能（Account Balance Management Function，ABMF）4 个模块组成。计费标准演进示意如图 6-9 所示。

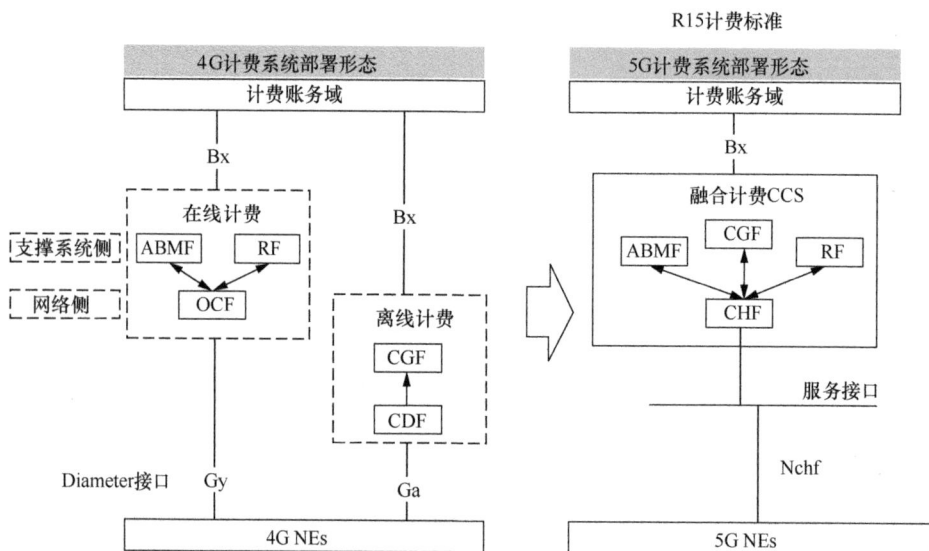

图6-9　计费标准演进示意

① CHF：负责根据计费事件产生相应的计费数据记录（Charging Data Record，CDR），并将其传送到 CGF。最终由 CGF 创建 CDR 文件，并转发到计费账务域相关处理设备上。CHF 作为在线计费的配额控制节点，对用户的各种业务执行在线计费的费率处理，并通过 ABMF 完成用户费用的实时结算。

② CGF：接收 CHF 传递的 CDR 话单数据，完成话单的分拣、合并、过滤、解码、路由、分发等功能，并通过 Bx 接口将话单传递到计费账务域。

③ RF：接收 CHF 提供的计费事件信息，确定网络资源的使用量并返回计费信息（货币或非货币单位）给 CHF。RF 可以支持多种计费类型，例如数据量计费、会话连接时长计费、业务事件计费等。

④ ABMF：用于保存在线计费用户的账户余额，CHF 与之交互访问在线计费用户的账户信息。

5G 核心网的计费触发点主要在 SMF。SMF 收集网络中计费相关的信息，将这些信息组装成计费事件，通过 Nchf 接口发送给 CHF。网络使用在线计费功能时，SMF 还可以根据计费系统的授权实时跟踪和控制网络资源的使用，判断用户是否有足够的信用额度进行通信。

在实际建设中，CCS 需要同时与核心网域和计费账务域接口，因此运营商可根据需要将 CCS 的建设内容进行必要的调整，对界面进行重新划分切割。同时，现有计费系统也要进行相应的改造，以支持融合计费。

6.3.1.3 承载网

5G-A 业务原则上充分利用了现有 5G 承载网，网络架构和技术上遵循现有方案和原则。由于前传、中传／回传涉及的网络技术、组网方案各不相同，本节仅以中国电信 STN 网络为例介绍承载网的规划和设计要点。

STN 网络定位为实现 4G/5G 等移动回传业务，满足 5G 大带宽、低时延、安全可信需求，以及 5G 核心网云化分布部署需求，同时满足政企以太专线、云专线等多业务的融合承载网络。网络采用符合业界开放的标准技术，多厂商设备解耦混合组网，支持与第三方网管／控制器对接、网络能力抽象和开放；支持 IPv6、EVPN、FlexE、SR/SRv6、性能检测等能力；支持网络切片，具备业务快速开通、SLA 质量保障、自动化管理和配置等智能化能力，满足 5G 业务大带宽、低时延、安全可靠的差异化承载需求。

1. 流量预测

STN 承载网络的规划建设应以基站实际业务流量为测算依据，做到初期不浪费、中长期网络可扩展。根据基站接入用户数、不同业务用户并发比、单用户业务带宽进行分析预测，基站上下行流量应分别测算并取其较大值作为规划建设依据。

基站均值流量测算公式：

基站下行均值流量 $=\sum_{n=1}^{x}$ 单基站用户数 × 业务 n 用户并发比 × 单用户业务 n 下行带宽。

基站上行均值流量 $=\sum_{n=1}^{x}$ 单基站用户数 × 业务 n 用户并发比 × 单用户业务 n 上行带宽。

基站业务预测以城市为单位，根据城市不同区域业务发展情况，划分不同区域模型，分别进行流量预测。

STN 网络各层流量预测需要在 4G/5G 基站流量、政企 / 云专线流量预测的基础上，对 STN 网络各层流量进行测算，指导 STN 各层网络建设。

接入环流量测算公式：

基站业务流量 $=1\times$ 基站空口峰值 $+(N-1)\times$ 基站实际均值。

政企业务流量根据具体业务预测需求进行计算。

汇聚层、核心层流量测算公式：

链路流量 = 基站数 × 基站实际均值流量 + 政企 / 云专线数 × 专线均值流量。

2. 组网架构

STN 网络以城市为单位组网，每个本地网单独设置 AS（多个本地网组成大城域网的，设置为同一个 AS）。网络分为接入层、城域汇聚层、城域核心层和省级核心层。STN 网络架构示意如图 6-10 所示。

（1）接入层

A 设备根据接入业务按需部署，综合接入基站和政企专线业务。BBU 集中部署时，A 设备建议与 BBU 同机房部署。当基站 C-RAN 模式部署（基站数大于 5 个），建设 STN-A2 设备接入 BBU，单台 STN-A2 设备接入 5G 基站 4 ~ 20 个（平均不低于 10 个）；应充分利用 A2 设备的能力，提升 A2 设备接入 BBU 数量。D-RAN 或 2 ~ 4 个基站小集中模式下，采用 STN-A1 设备接入 BBU，单台

STN-A1 设备接入 5G 基站 1 ～ 3 个（平均不低于 2 个）。

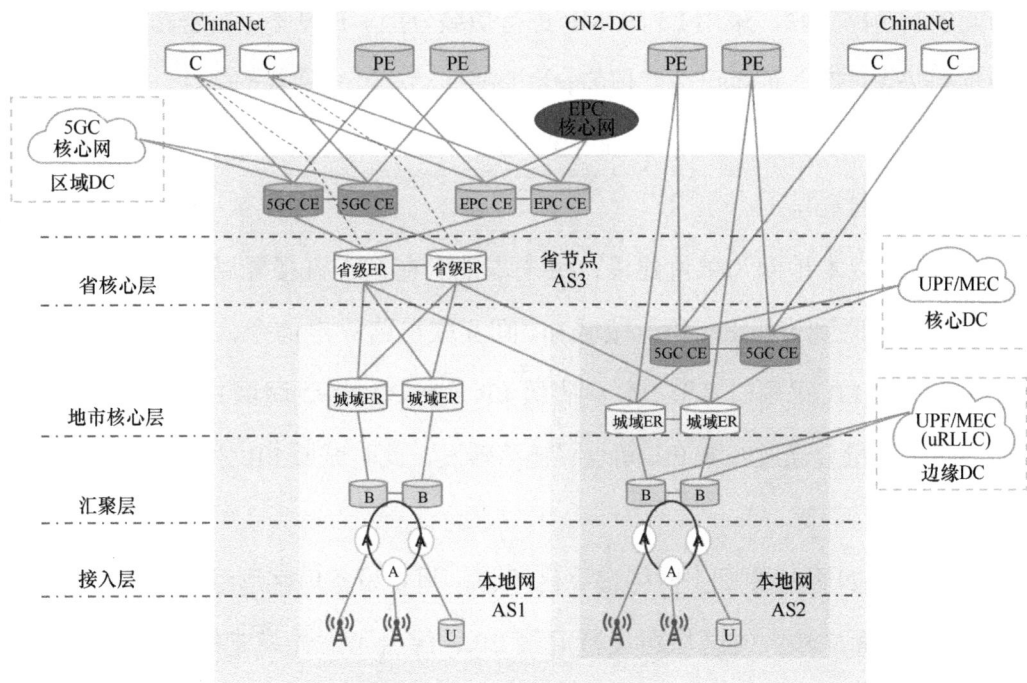

图6-10 STN网络目标架构示意

接入层优先选择环形互连方式，对于同一个物理环，建议采用 A1 或 A2 设备单独组环部署。接入环链路速率选择、下带 A 设备数和 5G 基站数，应综合考虑接入环流量预测、基站情况、光缆条件、安全运营等因素来确定。STN-A2 设备组建的接入环，每个环接入 10 ～ 40 个物理基站，接入环带宽根据业务流量预测和规划期发展预测，按需选择 10GE 或 50GE 接入环。STN-A1 设备组建的 10GE 接入环，每个环接入不超过 10 个共享基站。

（2）汇聚层

汇聚层采用 STN-B 设备建设，STN-B 设备成对部署，原则上一台 B 设备只应和另一台 B 设备组成标准成对方式，不建议与 2 台及以上 B 设备成对。成对 B

设备与 1 对核心层 ER 设备之间采用口字形组网，链路类型建议以 100G 为主；若单方向多条链路上联，采用 L3 ECMP 进行负载分担。B 设备上行链路带宽应根据流量预测按需扩容，扩容可适度超前；为提高移动流量的承载安全性，链路利用率建议不高于 50%；成对 B 设备的互联链路带宽不小于单台 B 设备上联链路带宽。

（3）地市核心层

城域 ER 以本地网为单位建设，每个本地网在核心机楼异局址成对部署。当城域 ER 双上联到省级 ER 时，城域 ER 间互联链路只走信令，链路带宽可采用 10GE；若城域 ER 采用口字形上联到省级 ER，当 B 设备到城域 ER 间链路发生故障倒换时，流量会通过城域 ER 间水平链路转发，此时城域 ER 水平互联带宽不小于单台 ER 上行带宽。

城域内 STN 网络原则上网络扁平化部署，即 B 设备口字形组网直联本地市城域 ER。对于面积较大的区域可设置汇聚 ER，综合考虑光缆走线及 1588v2 部署方便等因素汇聚 B 设备流量。汇聚 ER 采用双交叉上联到城域网 ER，综合比较光纤和传输系统的投资与维护成本合理选择承载方案。

ER 上下行链路配置以实际业务流量预测为基础，按需选用 10GE/100GE 链路，链路带宽利用率不超过 50%。

（4）省核心层

省级 ER 设备成对设置，分机楼部署。城域 ER 与省级 ER 间按照口字形进行互联，对于流量较大的省份，城域 ER 与省级 ER 间可通过口字加交叉互联。城域 ER 到省级 ER 采用传输链路，同一方向上的两条链路应有两个不同的传输路由。各地市 STN 网络通过城域 ER 连接到省级 ER，进而 5GC CE 接入 5GC。

多数情况下，省级 ER 间互联链路只走信令，链路带宽可采用 10GE；若存在故障倒换场景下业务流量穿越省级 ER 水平互联链路的情况，则互联链路需要与上联带宽一致。

3. 路由组织

路由组织方案应遵循全网统一部署、规范简洁组网等原则，满足可运营、可管理、高可用性的组网需求。

（1）IGP 路由组织

为保证路由层面的安全性，IGP 域分为 3 个部分，分别以 B 设备和城域 ER 为界，STN 接入层、城域核心层和省级核心层采用不同的 IGP 路由进程。

B 设备分属于接入层和城域核心层的 IGP 域，城域 ER 分属城域核心层和省核心层。接入层 IGP 采用 OSPF 协议，业务转发与网管配置不同的 OSPF 进程；城域核心层 IGP 采用 ISIS 协议，所有设备均配置为 L2；省级核心层 IGP 采用 IS-IS 协议，所有设备均配置为 L2。

（2）BGP 路由组织

以地市为单位划分 AS，同一地市的 B、汇聚 ER、城域 ER 和城域内的 5GC CE 采用该地市的公有 AS 号；省级 ER 与省级 5GC CE 采用独立的 AS 号，与地市区分开。

建议在 VRR 客户端数超过 100 个的地市部署独立的城域 VRR，其余地市可使用城域 ER 兼作 VRR。省级核心层初期采用省级 ER 兼作省级 VRR，后续客户端数超过 100 个后可部署独立省级 VRR。

在 B 及 B 以上设备同时开启双转发平面，即 L3 EVPN+SRv6 和 L3 VPN+LDP，L3 EVPN 和 L3 VPN 均开启双栈，同时传递 VPNv4 和 VPNv6 路由。MP-BGP 同时宣告 L3 EVPN 路由和 L3 VPN 路由，若转发路径上的业务侧设备均支持 SRv6 则优先基于 L3 EVPN+SRv6 转发；若转发路径上的有业务侧设备不支持 SRv6 则基于 L3 VPN+LDP 转发。

6.3.2 算力基础设施

6.3.2.1 中心云计算规划设计

过去由于云计算的用户少、用户需求少，通常采用集中式的云计算中心即可满足需求。中心云（也称"集中云"）计算是一种云计算架构，它将大量的计算、存储和网络资源集中在一个或多个数据中心，为用户提供高可靠性、高性能、高可扩展性、高安全性和高灵活性的云服务。

集中云计算业务特点主要在于可以方便地统一管理、分配算力资源，可以很好地整合与集成集团企业内所有云平台资源及非云化 IT 资源，实现集团企业 IT 资源统一共享，统一的 IT 服务平台，统一的 IT 数字化运营及运维，最大程度实现集团内 IT 资源、平台及人力共享，保持集团 IT 技术架构及标准的一致性，并可以提升统一集团 IT 品牌力，提升 IT 用户体验，甚至为集团 IT 能力对外溢出打下基础。

综上，中心云的优势是可以集中管理和控制，将大量的计算、存储和网络资源集中在数据中心，并通过集中管理的方式进行统一管理和分配，这种管理方式可以提高资源利用率，降低运维成本，保证云服务的高可靠性和高性能。

目前的云计算是中心云、边缘云共存共生的时代。中心云主要满足对时延要求不高的冷数据存储、AI 数据训练等，而边缘云则更加注重业务处理的及时性。

（1）通算能力

"东数西算"工程共规划了京津冀、长三角、粤港澳、成渝、内蒙古、贵州、甘肃、宁夏共 8 个国家级算力枢纽节点（中心算力数据中心）。"东数西算"工程，主要考虑了我国数据中心大多分布在东部地区，由于土地、能源等资源日趋紧张，在东部大规模发展数据中心难以为继。而我国西部地区资源充裕，特别是可再生能源丰富，具备发展数据中心、承接东部算力需求的潜力。为此，要充分发挥我国体制机制优势，从一体化角度布局，优化资源配置，提升资源使用效率。

（2）智能算力

智能算力的规划布局，主要是根据业务需求驱动的。既以中心集中式为成本敏感型客户提供公共大模型训练池，也以边缘式为专属客户及安全敏感型客户提供私有化的、专属的边缘智算池。智算布局示意如图 6-11 所示。

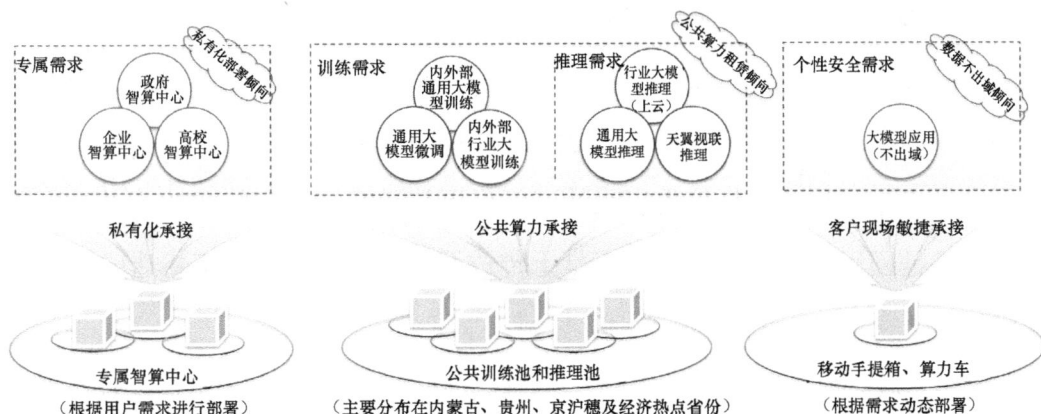

图6-11　智算布局示意

6.3.2.2　边缘云计算规划设计

（1）中心云（集中云）存在的问题

云计算赋能大数据处理，用户仅需要将数据上传至云端，利用云计算中心的超强高效计算平台，便可以集中处理计算需求。目前的智能物联网设备，通常是将数据通过网络上发至云端，由云端进行统一处理。然而，物联网设备与智能数据呈爆发式增长，无疑使云计算这种集中处理的计算模式暴露出各种问题。

① **占用带宽大，时延高，用户体验差。**集中云计算要求用户从远程访问云服务，这可能会导致网络时延和带宽出现瓶颈。特别是在处理大量数据时，可能会导致高时延和低效率的问题。

云计算在集中处理数据前，需要各个边缘侧设备将数据全部上传，这意味着数据在传输过程中将占用巨大的带宽。尤其是在人工智能应用如火如荼发展的当下，模型的训练与推理所需要的海量数据加剧了核心网络的压力。物联网的高速发展更使数据的增长远远超过网络带宽的增速，导致传统的云计算模式遇到带宽与时延的瓶颈。

② **数据上传存在隐私泄露风险。**集中云计算模式将数据传输至云端大幅增加了隐私泄露的风险，由于集中云计算模式需要将本地的大量敏感数据和应用程序上传到数据中心，虽然采取安全措施（例如加密、身份验证和访问控制等），可以提升用户数据和应用程序的安全性，但仍无法避免物理上的数据传送过程风险，无论是云运营商的恶意使用还是上传过程中被截取破解，都将造成严重的危害。

此外，从数据合规性上，新型业务数据存储在云端，无法满足企业对敏感数据本地化存储的要求，会直接影响企业数据上云的策略。

③ **集中节点故障风险。**集中云计算将大量的计算、存储和网络资源集中在一个或少数几个数据中心，一旦其中一个数据中心发生故障，可能会导致整个云服务系统瘫痪，这是集中云计算面临的最大挑战之一。

2022 年 12 月 18 日，阿里云香港 Region 可用区 C 发生大规模服务中断事件，导致中国香港及中国澳门多个站点受到影响，这也是阿里云运营 10 多年来发生的持续时间最长的一次大规模故障。2023 年 11 月 12 日，阿里巴巴旗下淘宝、闲鱼、阿里云盘、饿了么、钉钉等多款产品均出现了服务器故障，因其集中云的 Region 服务节点出现配置故障导致全网业务不可用。

另外，集中云计算要求用户从远程访问云服务，网络中断、数据中心故障等因素可能导致云服务不可用，从而影响用户开展业务。

针对集中云存在的 3 个问题，可采用边缘云方式提供服务和云边协同方案，满足客户和业务场景需求。

（2）边缘云 MEC 部署规划

运营商凭借在云网资源上的优势，可以很好地构建集应用 / 能力仓储、编排分发、应用便利店为一体的 MEC 边缘云系统，使用户就近、快速地享受服务。MEC 边缘云系统示意如图 6-12 所示。

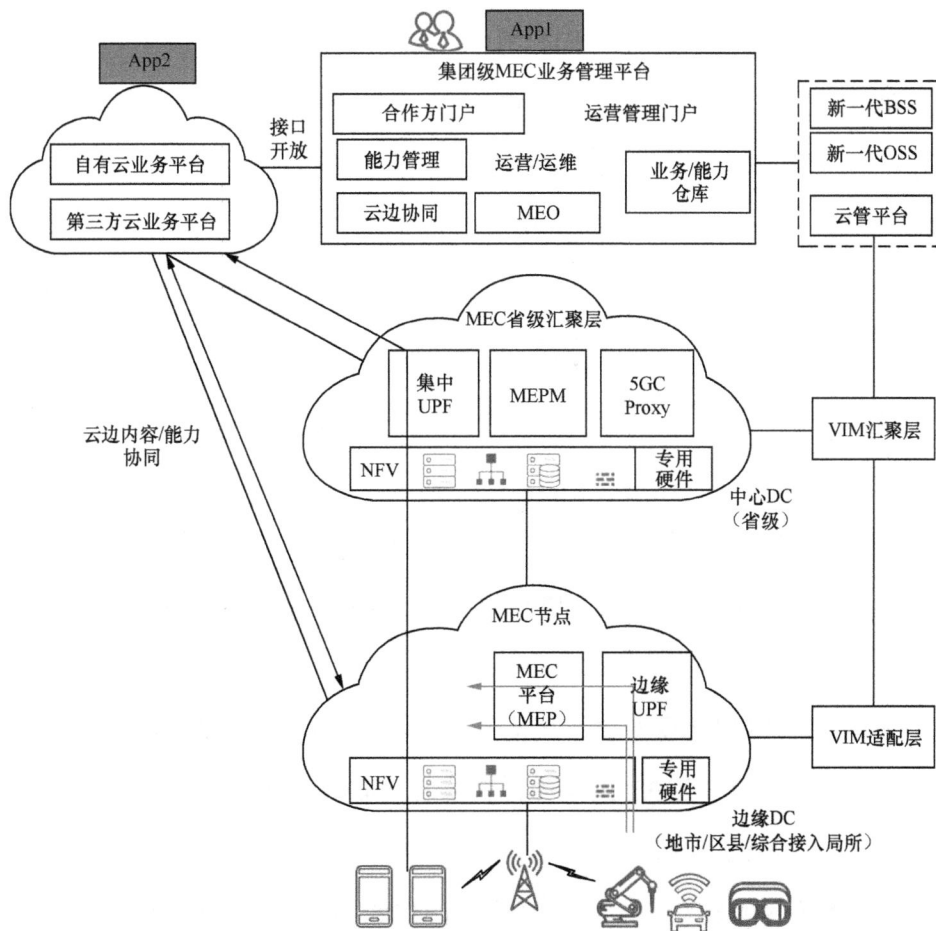

图6-12　MEC边缘云系统示意

① **集团级 MEC 业务管理平台。**集团级（也可按需下沉部分能力权限到省级 MEC 业务管理平台），是内容应用／业务能力的"高效编排分发体系"；业务是内容应用／业务能力的"大型超市""存储仓库"。通常包含合作方门户、运营支撑门户、能力管理／运营支撑／运维管理／云边协同等子系统、MEC 应用及资源的编排等。

② **MEC 省级汇聚层。**MEC 省级汇聚层是内容应用／业务能力的"省级中转站"，是内容应用／业务能力便利店／自提点的"区域经理"。通常包含 5GC Proxy、MEC 平台及应用的管理等。

③ **MEC 节点。**MEC 节点包括 MEC 平台、边缘 UPF。MEP 是内容应用／业务能力的"便利店""自提点"，MEC 节点则是便利店／自提点的"店长"。通常包括能力开放、计费／监控、安全管理等。

该系统采用集团－省级－边缘节点三级架构，可以实现统一产品开通和业务受理、统一用户应用部署自服务功能、统一编排、管理和运营，提供统一运营门户。通过 MEPM 省级汇聚层，可以对接各省多套 VIM 进行各省节点的基础设施资源管理、应用的生命周期管理。

基于 ETSI 架构的 MEC 实践示意如图 6-13 所示。运营商在基于 ETSI 架构的 MEC 实践上，至少提供独享型一体化 MEC 平台与共享型通用 MEC 平台两种形态的 MEC 产品。

① **独享型一体化 MEC 平台。**独享型一体化 MEC 平台一般下沉部署在客户园区，提供独立门户，客户自主运营，按需提供统一运维。重点服务大中型企业客户，例如大型工厂、企业园区等。

② **共享型通用 MEC 平台。**共享型通用 MEC 平台一般部署在地市／区县等边缘 DC，由统一业务管理平台纳管，提供统一门户，多个客户共享使用 MEC 资源。

重点面向中小型企业 / 个人客户，例如无人机、VR/AR 渲染、云游戏等。

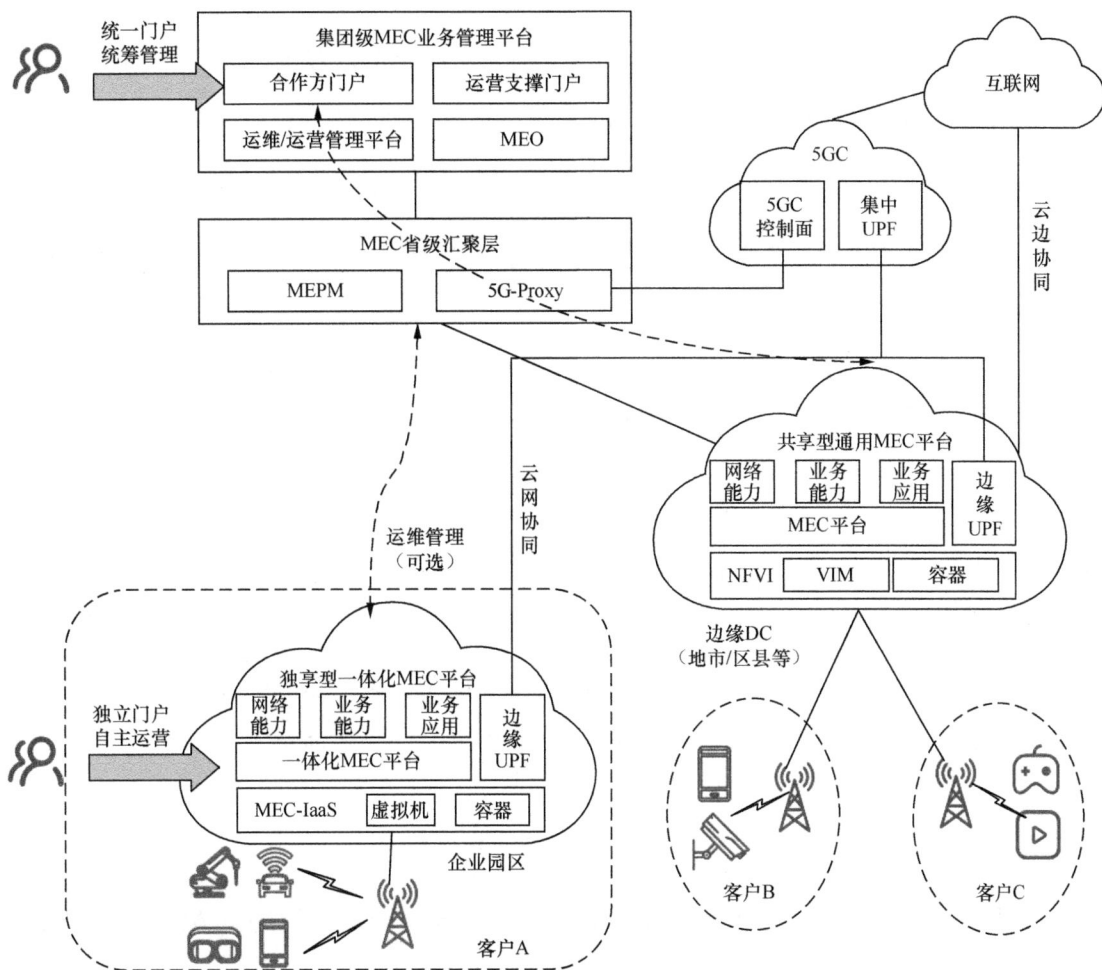

图6-13　基于ETSI架构的MEC实践示意

6.3.2.3　云边协同规划设计

从广义上讲，云计算包括边缘计算，边缘计算是云计算的扩展，二者是互补关系而非替代关系。只有云计算与边缘计算相互协同（"云边协同"），才能更好地满足各种应用场景下的不同需求。云边协同服务继承了云计算与边缘计算的优势，以同时达到高精度、低消耗、快响应、低时延的应用场景需求。

云计算负责边缘节点难以胜任的计算任务。通过大数据分析，云计算负责非实时、长周期数据的处理，优化输出的业务规则或模型，并下放到边缘侧，使边缘计算能够满足本地需求，完成应用的全生命周期管理；边缘计算主要负责那些实时、短周期数据的处理任务，以及本地业务的实时处理与执行，为云端提供高价值的数据。按照从用户／终端到中心云的距离，可以划分 3 个"服务圈"。时延分析如图 6-14 所示。

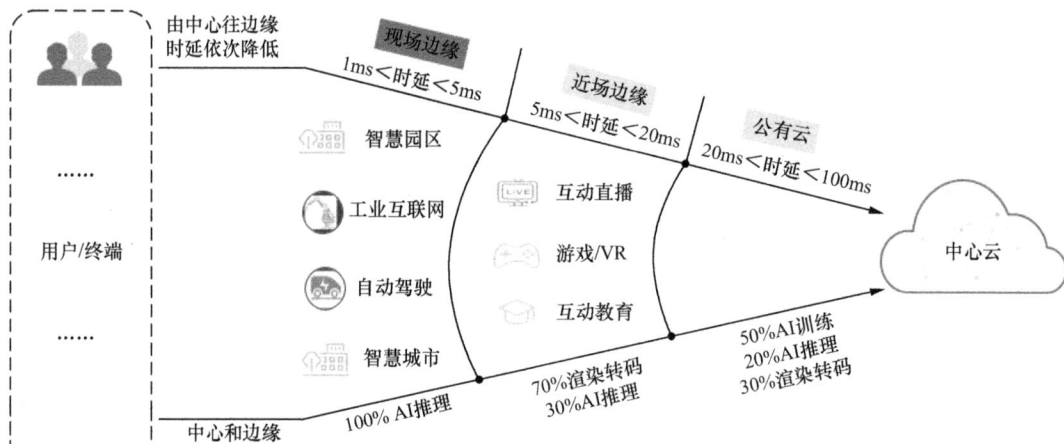

图6-14　时延分析

第一个"服务圈"是现场边缘。其覆盖 1 ～ 5ms 时延，算力以 AI 推理为主，主要面向飞行器、自动驾驶、工业互联网等实时性业务。

第二个"服务圈"是近场边缘。其覆盖 5 ～ 20ms 时延，算力以渲染为主，同时还有一部分推理，主要面向视频场景。

第三个"服务圈"是公有云（也称"中心云"／"集中云"）。其覆盖 20 ～ 100ms 时延，用于承载未下沉到边缘的业务，例如海量的数据存储、挖掘、训练等。

云边协同的主要优势如下。

① **低时延。** 云边协同将数据处理推向边缘设备，减少了数据传输到远程数据中心的时间，从而降低了时延，适用于对实时性要求较高的应用，例如飞行器控制、工业自动化和智能交通系统等。

② **带宽优化。** 云边协同可以在边缘设备上进行初步的数据处理，只将需要的摘要数据传输到云端，减少了大量的数据传输，优化了带宽利用率。

③ **隐私与安全。** 对于一些涉及敏感数据的应用，云边协同可以在本地处理数据，不必将敏感信息传输到云端，从而提高了数据隐私和安全性。

④ **断网容错。** 由于边缘设备可以在断网情况下继续工作，云边协同使一些关键应用在网络不稳定或断网时仍能正常运行。

6.3.3　AI 平台基础设施

6.3.3.1　低空行业场景规划设计

随着低空经济市场的兴起，工业无人机的主要应用领域包括电力巡检、应急救援、航空摄影、水利应用、农药喷洒、航空测绘、国土资源、文化旅游、管线巡查、医疗卫生、海事监察、农业林业、物流运输、交通管制、气象监测、反恐防暴等。

随着工业无人机技术水平的不断提升，以及各行各业对无人机应用需求的加大，工业无人机应用领域将更加深化、细化，应用领域将不断扩大。

（1）农林植保

农林植保无人机主要用于农林植物保护作业，主要起到事前预防（例如森林资源调查、荒漠化监测）、事中解决控制（例如病虫害监测及防治、火灾监测及动态管理）、事后补救（例如人工增雨）的作用。5G 网联无人机云平台可以根据播种施肥需求规划最佳作业航线，远程控制网联无人机进行精准播种、施肥。通过 5G 网联无人机遥感技术和大数据技术，可动态监测区域农作物长势信息、土地肥力等，构建农作物长势分析智能模型，实现对粮食作物产量、养分、病虫害等关键信息的精准预测。

农林植保无人机在农作物的播种（授粉）、洒药、施肥，以及长势和病虫害的监测等方面无论是与人工相比，还是与传统机械相比均具有明显优势。农林植保无人机可远距离操控，作业人员不需要接触农药，在降低成本的同时安全性也得到提高。

农林植保无人机的飞行高度主要在 5 ~ 30m，无人机飞行远程控制速率要求 2.5Mbit/s、AI 识别处方图下达作业 8Mbit/s，未来可以考虑采用 AI+5G 实现高精度定位、AI 识别控制（例如虫害情况、作物生长情况、调整喷洒参数）、多机协同作业、数据分析及决策支持等。

（2）地理测绘

5G 网联无人机应用于地理测绘领域，可实现规划线路的超视距作业。低空摄影测绘目前已广泛应用于定点监控、高压线路监察、影视航拍、空中监测、地理勘察等领域，也逐步成为小范围、高精度、实时城市测量的重要平台。利用 5G 边缘云对测绘数据进行计算处理，可以快速制作实景矢量地图，完成从地图数据的抓取、传输、拼接、纠偏、上传的完整流程，实现高精度的三维建模等工作。5G 网联无人机实时大数据回传也能让地理测绘工作通过实时在线预处理及早发现测绘原始数据偏差，极大地降低返工成本。

早在 20 世纪 90 年代，中国测绘科学研究院便开始研制民用无人机，并将其应用于测绘领域。近年来，我国地理测绘需求快速增长，地理测绘领域无人机市场规模逐年提升。

地理测绘行业的无人机飞行高度一般是 150m 以上，无人机飞行远程控制速率要求 2.5Mbit/s、超高清测绘数据流上传 30Mbit/s。相对传统测绘方式，无人机低空摄影测绘具有高清晰、大比例尺、小面积、高现势性等优点，是卫星遥感与普通航空摄影不可缺少的补充，且在重点区域或小范围区域航测上具有得天独厚的优势，能够快速获取高质量、高分辨率的遥感影像。

（3）安防巡检

5G 网联无人机在巡逻巡检领域的应用场景包括能源（例如电网、风机、光伏）监测、交通指挥、城市安防、环境保护等场景，由于其具有安全性高、效率较高的优势，应用得到快速普及。利用 5G 网联无人机的空中平台优势，搭载高清相机、喊话器，可以实现指挥中心实时显示、统一调度，远程管控警情现场，完成现场勘查取证，为指挥人员的决策提供依据；通过 5G 网联无人机巡检铁塔、线路等，利用高清图传、缺陷自动匹配识别可实现铁塔、线路的精细化巡检；在环境保护领域，利用 5G 网联无人机可完成污染源的拍摄定位及取证，根据前期的影像数据和图像分析自动识别非法排放目标。

安防巡检行业的无人机飞行高度在 20 ～ 300m，无人机飞行远程控制速率要求 2.5Mbit/s、超高清巡检数据流上传 30Mbit/s，可实现 4K 超高清拍摄回传、远程实时飞行控制、多条路线自动巡防、目标跟踪定位、白天 + 夜间双光源拍摄等功能，结合平台的 AI 识别分析能力，可大幅提升安防、巡检的精度和效率。

（4）快递物流

在物流运输领域，例如餐饮外卖、生鲜快递、医疗冷链、包裹投递、应急配送等，无人机应用可充分发挥自身优势，打破道路限制，提高物流效率，降低运营成本。

快递物流行业的无人机飞行高度主要在 120m 左右，实时交互需求低，监管要求高，需要 1s 上报飞行状态，支持通信系统备份，确保随时接管，无人机飞行远程控制速率要求 2×2.5Mbit/s（流量卡）。未来，物流无人机在飞行稳定性、挂载量、续航、路径规划、自主导航、避障等方面会有进一步提升，并与地面车辆、无人车辆等进行结合，实现多种物流方式的协同工作，以提高整体物流效率。

（5）其他场景

① **视频直播**。无人机视频直播可以突破传统的空间限制，展示完全不同的直播视角。通过 5G 网络，无人机可以实时传输 4K 直播视频，直播画面可广泛用于文化旅游、影视航拍等多个领域。依托高速率、低时延的 5G 网络，无人机拍摄的 360° 画面可实时传输到地面，使用远端高清 VR 设备进行观看，体验到身临其境的视觉盛宴。

② **应急救援**。以城市 5G 蜂窝移动通信网络连续覆盖为基础，可以打造城市网格化立体消防救援应用体系。将城市区域划分为多个网格，在每个网格内部署一个无人机快速反应站，消防总站可以通过 5G 网络实时获取现场高清图像，并对无人机进行远程控制，辅助消防人员在火情初期有效控制火势蔓延。在发生自然灾害时，可以使用无人机进行灾情侦察，无人机可快速到达灾情现场，利用 5G 网络回传实时图像，辅助第一时间查明灾害事故的关键因素，以便指挥员做出正确决策。

③ **编队飞行**。无人机除了单机应用，多机编队也开始出现。当前，无人机的多机编队除了应用于表演领域，在应急、军事等多个领域也具有广泛的应用前景。在自主编队的无人机编队中，多架无人机可以根据飞行任务和周围的飞机状态自主调整飞行任务。无人机编队飞行对于大连接、低时延、大带宽等网络特性都有了明确需求，网络切片、边缘计算、数据加密等网络安全要求也日益提高。

各类无人机应用场景对通信能力需求有所差异，但均从上下行速率、数据链路传输时延、控制链路传输时延、覆盖高度、定位能力等角度对移动蜂窝网络提出了不同等级的要求。网联无人机通信链路需求为后续进行网络规划部署和网络能力优化实现提供了重要依据。不同行业无人机的网络指标要求见表6-2。

表6-2　不同行业无人机的网络指标要求

业务属性	速率区间	端到端业务时延	端到端控制时延
农业植保	200kbit/s~10Mbit/s	500ms	50ms
地理测绘	25~100Mbit/s	200ms	
安防巡检	10~40Mbit/s	200ms	
交通管理	10~40Mbit/s	200ms	
快递物流	300kbit/s	500ms	
视频直播	25~100Mbit/s	300~500ms	50ms
应急救援	20~40Mbit/s	200ms	
编队飞行	1Mbit/s	—	

6.3.3.2　低空平台总体规划设计

通过云、网、边、端、安、智的要素协同，打造高速泛在、天地一体、云网融合、安全可控的低空经济能力底座，形成全栈可控的低空服务能力，用5G链路替代传统C2链路（传统无人机自建的通信和控制链路），实现低空无人机、飞行器的实时在线可观可管可控，面向不同行业场景提供"无人机基础控制＋行业数据差异化"的能力服务，最大化释放无人机的使用价值。

（1）云：无人机云平台

无人机云平台以"5G＋云计算＋AI"为技术核心，在飞行控制方面实现全流程自动化飞行，在数据传输方面实现数据传输，在数据处理方面实现人工智能云处理。"一站式"解决无人机远程控制、画面直播、数据处理等全流程问题。在云平台规划设计上应重点考虑以下要素。

① **一体化运营平台**。一个平台控全局，集调度、管控、应用于一体；一个屏幕览全域，设备、巡检及环境大屏多维可视化。用户仅登录网页即可基于丰富立

体的可视化环境，实现航线规划、实时监管设备、调度无人机集群、上传和管理数据、分析应用等业务流程。

② **智能航线规划**。支持多种航线规划方式，满足各行各业的航线规划要求。加载高层建筑模型，满足精细化巡检；实现航点动作的三维可视及动态调整，通过立体电子围栏和碰撞模拟检测确保航线安全。

③ **灵活任务调度**。支持远程控制无人机（例如机头方向、云台角度、变焦、红外切换等）、挂载（例如喊话器等）；支持一键调度无人机集群协同作业；支持远程虚拟遥杆和远程实体遥杆等灵活控制方式。

④ **多元数据管理**。提供多种数据的管理和可视化展示，并支持以地图为核心，融合展示多元数据类型，以丰富的图表统计各类数据；也提供标准视频与数据格式，支持定制化功能开发与系统对接，灵活响应客户需求。

⑤ **场景化 AI 算法服务**。无人机云平台支持基于照片的云端识别和基于视频的实时识别，算法以服务形式对外提供调用，例如车辆、行人、车牌、火情、违建检测等；通过多算法融合，提供了大量面向能源、城管、水务、公安、应急等行业场景的 AI 算法库。

⑥ **强兼容性，多设备集中纳管**。在兼容性上，云平台应考虑多设备集中纳管。支持多厂商、多型号无人机，喊话器、镜头、照明等常用挂载，大疆、复亚、星逻等无人机库的接入管理。

目前，业界领先、成熟完善的 5G 无人机云平台包括中国电信天翼星云无人机云平台、中国移动凌云 5G 网联无人机管理运营平台、中科天网无人机云平台等。

（2）网：5G 网 + 北斗定位

目前，无人机普遍使用私有数图传输等点对点通信链路，处于传统单点控制的局域网模式，使用距离范围有限，且成本非常高。而通过 5G 低空精准定位 +

北斗全球广域覆盖，可极大提高无人机覆盖范围和定位精度。

无人机宜采用"5G + 北斗"厘米级、亚米级等标准化高精度定位服务，以提供远程控制无人机服务。该技术对于数据时延抖动指标、位置精确度，以及控制数据和状态数据的安全性要求高，某些高要求场景下需要结合 5G 专网和网络切片等技术支持。另外，还要考虑非零陷落天线、专公网结合等手段解决低空干扰问题，以满足无人机自动化运行的需求。

（3）边：5G 方舱 + 作业车

① 5G 网联无人机方舱。无人机方舱采用 5G 网络进行视频回传、飞行控制、自动化巡视巡检，具备网联控制、精准定位、智能充电等前沿技术。无人机方舱应兼容大疆、复亚、星逻、舞空及定制化无人机的全面接入与控制，支持适配各类型无人机，在方舱内进行停放、充电、维护、保养，形成一个通用的停机坪。

② 无人机通信作业车。无人机通信作业车一般由运营商（中国电信、中国移动、中国联通）提供，应具备卫星 / 光纤快速开站，搭载系留机载 4G 基站、升杆 5G 基站，具备通信恢复、补盲、保障、扩容等能力。

（4）端：5G 机载终端

5G 机载终端，基于云—网—端协同，利用 5G（兼容 4G）网络，远程采集、传输无人机的数据。采用 5G 机载终端可打破遥控和图传的距离限制，实现数据空中入网、超视距远程测控、高清实时图传等无人机网联功能，具备极致传输、前置计算、融合通信的特点，可应对复杂低空飞行场景。

5G 机载终端应支持多品牌无人机的飞行控制、视频回传、自动巡航等功能。目前，成熟的 5G 机载终端包括中国电信的天枢 2 号、中国移动的哈勃一号、中国联通的极光一号、大疆的天宇云盒 M1 等。

（5）安：无人机低空管制

针对"黑飞"现象，监管部门或辖区空域主管部门应具备低空反制能力，对管制区域的无人机进行侦测发现、定向干扰、迫降驱离或物理摧毁。

一方面，低空管制可采用无人机反制系统，实时侦测空域内的无人机活动，准确识别无人机的类型和飞行轨迹。一旦发现异常飞行行为，通过电磁干扰、信号屏蔽等手段，使无人机失去控制或失去通信能力。必要时，无人机反制系统还可以采用物理摧毁手段，对无人机进行直接打击。无人机反制系统涉及的主要技术包括无人机通信协议破解、TDOA[1]+目标精准定位、无线信号机器学习、光电电磁波定向反制等。

另一方面，相关部门应制定并逐步完善低空无人机、飞行器的安全管理规范，从法律法规上限制"黑飞"行为。2024年1月，交通运输部公布《民用无人驾驶航空器运行安全管理规则》，意味着无人机产业进入"有法可依"新阶段，低空经济发展将会迎来新机遇。

（6）智：智能化感知、应用、控制

AI大模型主要以自然语言处理大模型、计算机视觉（Computer Vision，CV）大模型、多模态大模型为主要方向。

在低空平台上，AI大模型主要以CV大模型为主，满足人脸、车辆、火情的识别需求等。另外，可考虑对声、光、水、气等多模态数据采集处理，赋能无人机多功能挂载应用与数据感知能力。研究方向应包括无人机高空视角下AI框架结构设计与AI算法的工程应用，实现多场景下的AI目标识别、AI变化比对，赋能行业应用。基于多场景的平台架构如图6-15所示。

1　TDOA：Time Difference of Arrival，到达时间差。

应用层	公安无人机视角 AI算法系统	交通无人机视角 AI算法系统	水利无人机视角 AI算法系统	巡线无人机视角 AI算法系统	光伏无人机视角 AI算法系统
	接口/网关				
	车辆检测	人脸检测	火情检测	行人检测	车牌文字识别
	模型编排中心				
技术层	训练方式（单机、分布式）		训练环境（Linux CPU/GPU）		部署方式（Python、C/C++）
	图像分割	目标检测	图像分类	变化检测	行为分析
基础层	数据集制作，数据增强与数据预处理，数据生成，数据分析与可视化				
	PyTorch，MindSpore，PaddlePaddle				

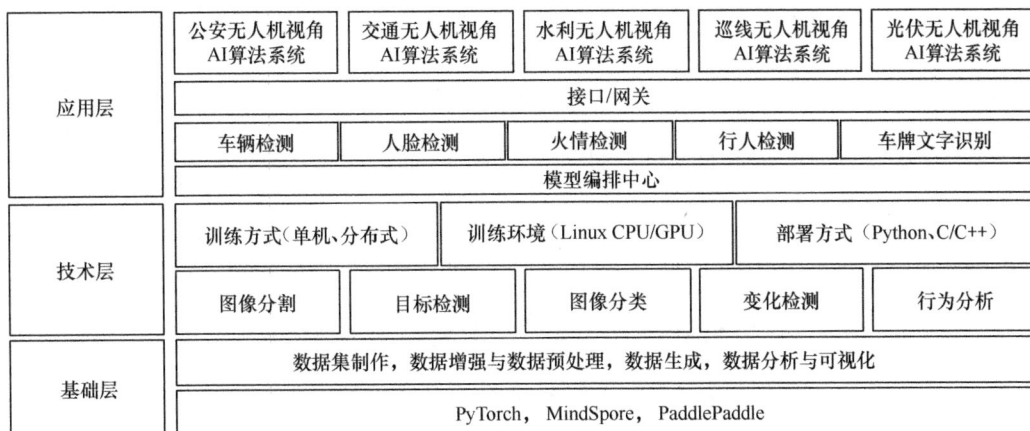

图 6-15 基于多场景的平台架构

在未来规划中，无人机也必将引入 NLP 实现语音控制各类飞行任务，甚至支持协同语音实现多模态数据采集处理任务。例如，未来无人机在多模态 AI 大模型中依赖卷积神经网络和递归神经网络，不仅能接收自然人语音指令或文本指令，执行拍摄视频、自动驾驶等任务，还可以对拍摄视频的图像内容和其中的录音信息在线解析，及时反馈有用信息，形成真正的"空中大脑"。

6.3.3.3 智慧空管系统规划设计

空中交通管理系统用于飞行器起飞至降落的全过程，是民航空中交通管理系统的核心，全称为"通信、导航、监视与空中交通管理系统"。其中，通信、导航、监视部分属于外围设施范畴，空中交通管理系统是空管人员实际用于管理空中交通运输的信息处理系统，由空中交通服务、空中交通流量管理和空域管理组成。空中交通管理系统是国家实施空域管理、保障飞行安全、实现航空运输高效有序运行、捍卫我国空域权益的战略基础设施，也是国土防空体系的重要组成部分，对促进国家经济发展和维护国家安全具有深远的战略意义。随着低空空域逐步放开，空中飞行器数量大幅增加，对于空中交通管理系统的要求进一步提高，我国现有的监视基础设施仅能满足对高空飞行器的管理需求，低空管控能力亟待提升。为实现对低空飞行器（例如无人机）的有效管理，需要空域管理方能随时随地与低空飞行器保持低时延的双向通信，以保证空域管理方对低空飞行器可视、可管、可控。

（1）可视

可视，是指辖区的空域管理方，能够借助通信感知一体基站、雷达、5G + 北斗卫星等手段，对该空域的低空飞行器进行全方位的监控，例如飞行器的位置、飞行高度、速度、行为模式、飞行轨迹等数据，提前预测低空飞行器的飞行目标，及时发现异常企图，从而进行合理有效的干预，使安全风险可控。

（2）可管

可管，是指辖区的空域管理方，能够参与低空飞行器的飞行申请、注册、审批等各个环节的管理，以提前掌握飞行器飞行的时间、地点、轨迹。

（3）可控

可控，是指辖区的空域管理方，通过广播喊话、飞行引导、电磁干扰、信号屏蔽、迫降驱离、击落等手段，对空域飞行器进行有效控制；对已批准飞行器的合法监管和飞行指导，同时对"黑飞"等异常飞行行为进行反制，使其失去控制或失去通信能力，必要时还可以采用物理摧毁手段。

针对低空空域交通对空中交通管理系统实现低空飞行器可视、可管、可控的新要求，传统空中交通管理一、二次雷达对航路覆盖受地形影响，无法实现低空区域完整覆盖，通信感知一体化、北斗定位、广播式自动相关监视（Automatic Dependent Surveillance-Broadcast，ADS-B）等多种技术路径是解决未来低空交通管制的有效手段。

低空经济数字基础设施规划案例研究

第 七 章

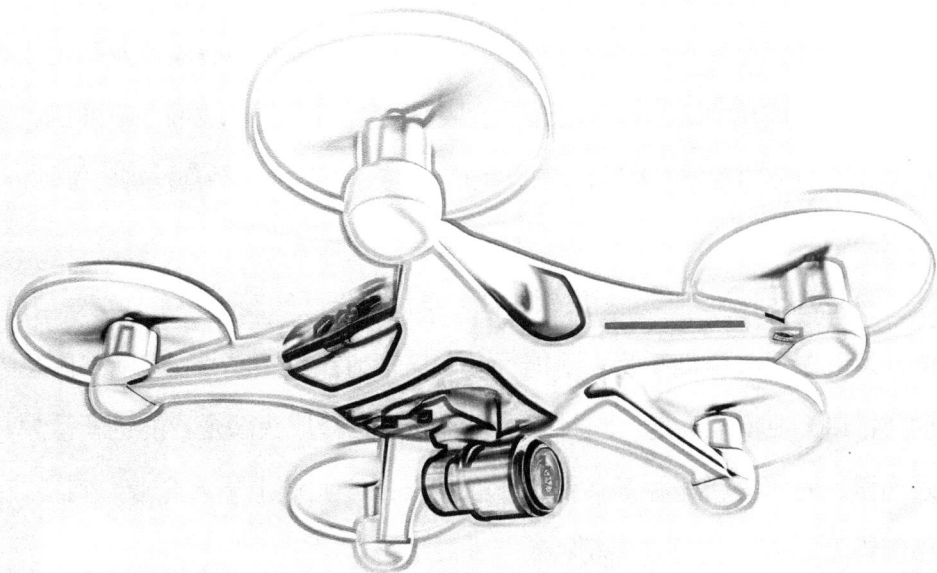

7.1　典型案例介绍：南京江宁滨江经济开发区低空数字网络

南京江宁滨江经济开发区（"江宁滨江开发区"）位于南京市西南部，成立于2003 年 10 月 18 日，是经国家发展和改革委员会审核批准成立的省级开发区。该开发区具有独特的区位优势，紧邻黄金水道长江，区内环境优美，拥有南京西南部最好的山水资源。

江宁滨江开发区在经济发展上取得了显著成就。近年来，该开发区的主要经济指标，例如地方生产总值、规模以上工业总产值、工业固定资产投资、外贸进出口等，均实现了两位数以上的增长。这一成绩得益于园区内众多企业凭借自身的"硬本领"，跑出了"加速度"。

在产业发展方面，江宁滨江开发区逐步形成新一代信息通信技术、绿色智能汽车、高端智能装备三大主导产业，以及现代服务业和健康产业两大战略性新兴产业体系。该开发区坚持以打造"金陵长江新门户、产城融合新滨江、生态首善新绿洲"为总体定位，实现生态、生产、生活"三生"融合发展，推动产城融合、共生共创。

为促进产业升级和创新发展，江宁滨江开发区实施了一系列重要举措。例如，该开发区聚力实施创新要素赋能行动，培育科技创新高地；实施实体经济提质行动，打造产业承载高地。同时，该开发区不断释放头部企业的创新活力，例如中兴通讯、爱尔集新能源等，带动园区内一批产业链上下游企业"向科技要效益、靠创新求发展"，走好"专精特新"发展之路。

此外，江宁滨江开发区还发布了《江宁滨江开发区新材料产业百亿级聚集区三年跃升行动计划》，旨在进一步加大投资，吸引产业链上下游企业聚合发展。以

2023 年为例，该开发区在 1～8 月完成规模以上工业总产值 613 亿元，同比增长 9.2%，培育百亿规模企业，深化"强链、延链、补链、壮链"工作。

1. 园区低空网络需求

为持续优化江宁开发区 5G 网络深度覆盖，建设高质量 5G 精品网，积极发挥 5G 多频段优势和载波聚合技术，在园区网络连接需求旺盛的重点区域和工厂车间，率先部署 5G-A 网络。具体要求如下。

（1）超高速率和超大带宽

低空网络预期将为现有的 5G 网络带来约 10 倍的网络能力提升，下行传输速率达到每秒万兆级别，上行传输速率达到每秒千兆级别。

（2）低时延和高可靠性

低空网络需要实现更低的网络时延和更高的可靠性，以满足工业自动化、远程医疗、VR/AR 等 uRLLC 场景的需求。

（3）高连接密度

随着物联网设备的爆发式增加，低空网络需要支持千亿级别的连接数。

（4）智能优化和管理

低空网络引入了内生智能的技术特征，使网络具备自我优化和自我管理的能力。

（5）安全和隐私保护

低空网络采用先进的安全技术和机制，确保通信过程中的数据机密性、完整性和可用性，保护用户隐私和信息安全。

（6）对园区 WLAN 进行升级

在园区内普及部署 Wi-Fi 6 网络，在部分企业大带宽高可靠性场景探索升级部署 Wi-Fi 7 网络。

中国电信在园区完成 5G-A 毫米波基站的通感小规模组网试点开通，将进行多站、多扇区、多目标（多无人机）的测试验证，并与中国电信天翼星云平台对接，实现毫米波感知、通信、智算等多项功能。

2. 园区低空网络应用

从民用无人机在各大行业中应用的成熟度及市场空间来看，娱乐消费级市场发展增速渐缓；农林植保、测绘与地理信息市场当前已初具规模、产品相对成熟，未来市场将保持稳定增长；随着我国智慧城市建设进程的加快，在城市管理、交通、能源等领域场景中，无人机安防、巡检、救援、无人值守等应用将成为重要增长极；快递物流市场潜力巨大，但当前仍处于特定场景的小规模商用阶段，在突破技术、商用模式、安全等瓶颈后，未来市场规模有望实现快速增长。行业无人机主要可用于农业、测绘、城市管理（含应急）、物流等场景。园区可根据各企业反馈和现有技术能力，主要将无人机应用于无人物流、园区管理、无人驾驶、AI 质检、协同作业、园区巡检等方面。

（1）无人物流

低空无人机在园区物流应用场景中逐渐展现出较大的潜力，相比传统的物流配送方式，低空无人机具备方便高效、节约人力成本、减少安全隐患等优势，配送效率更是大幅提升，便于园区内物资的转运。

（2）园区管理

无人机用于园区管理，可不断扩大园区、企业的管理边界，提升园区管理效率，全方位保障运行安全，可面向低空应用提供综合性信息服务能力，包括全生命周期身份管理服务、安全管理及定位追踪能力、智能辅助决策服务和网络 AI 辅助无人机监管服务。

（3）无人驾驶

低空无人驾驶垂直应用项目是从车端、路端、云端实现的基于 5G 的垂直应用，是以车路协调技术为核心的无人驾驶项目。通过实现大规模、多维度、多类型的车联网场景应用，为南京市开放道路自动驾驶测试运营服务和南京市车路协同系统建设提供基础。其中，建设内容具体包括示范应用场景建设、道路环境感知智能化系统改造、车辆自主避障系统、轨道协同和辅助驾驶系统 4 个部分。通过实现 V2X 全场景覆盖，完善路侧设施、车载终端、通信网络、相关云平台的搭建，可为开放道路自动驾驶测试运营服务和"车、路、云"协同系统提供基础，建设内容包括示范应用场景建设、道路环境感知智能化改造、车辆自主避障系统、轨道协同和辅助驾驶系统 4 个部分。

无人驾驶主要通过将低空网络与"云—边—端"全自动数据闭环系统相结合，实现海量 AI 训练数据的上行传输、高效自动清洗和标注等模式，通过低空网络边缘节点提供的 AI 算力，可以实现数据的高效处理和分析，从而支持无人驾驶汽车的自主决策和智能控制。无人驾驶可实现园区的车路协同智能化升级，打造基于 5G 融合基础设施协同的一体化智慧交通先进园区，最终针对不同的交通参与者，提供全方位一体化的无缝交通服务。

（4）AI 质检

AI 质检技术利用人工智能和机器学习算法，实现对产品质量的自动化检测和评估，提高了检测效率和准确性，降低了人工成本。对于江宁滨江开发区的电网企业来说，引入 AI 质检技术有助于提高产品质量，降低不良产品率，提升市场竞争力。同时，随着技术的不断进步和应用场景的不断拓展，AI 质检在制造业中的应用前景也越来越广阔。运用人工智能算法对光伏组件图像进行电池片快速定位和分析，可实现电致发光（Electroluminescence，EL）缺陷和外观缺陷的高效检测。

针对光伏组件进行检测、分类管理、处理、质量评估，可形成光伏组件缺陷检测的多维质量分析平台，结合产品质量进行自动定位溯源、多环节多维度诊断分析，可形成闭环管理，提高光伏组件缺陷检测效率，降低漏检率，提高生产质量和生产效率，降低光伏组件 EL 和外观缺陷造成的生产损失。

（5）协同作业

自动导引车（Automated Guided Vehicle，AGV）系统由 AGV 本体、5G 网络和 AI 大数据平台 3 个部分组成，AGV 本体作为底层无线执行器单元，仅负责速度、转向控制和安全避障等功能；顶层控制器单元部署在云端，能够实现定位、导航、图像识别及环境感知等功能。工业 AGV 采用融合导航模式，通过激光 + 惯性测量单元（Inertial Measurement Unit，IMU）在常规场景下进行导航定位，并通过 CCD 相机和传感器，在 AGV 行驶过程中动态获取车辆周围环境图像信息，利用 5G 网络传送到 MEC 边缘云端进行统一处理、决策，调度管理系统也都部署于边缘端。

（6）园区巡检

随着无人机和 5G 技术的进步，无人机性能不断提高，信号传输手段进一步丰富，低空网络性能实现跃升，使高清图传、精准飞行等更具可行性。特别是 5G 技术的进步，提高了信号远程传输的途径和效率，解决了状态感知不全面、数据传输时效滞后等问题。江宁滨江开发区部署 5G-A 毫米波基站，搭建毫米波通信感知一体应用基地，通过无人机采集高清图像及视频，结合 5G-A 技术，实时传输巡检现场图像及视频。该系统可以提供企业园区巡查场景下的智能巡检点位、实时信息获取、实时动态分析及远程监控等功能，能够迅速、准确地完成巡检任务，及时发现安全隐患，提高园区安全管理水平，增强园区环境检测能力，促进企业的可持续发展。

7.2 经验分析

当前全球低空经济处于蓄势待发的阶段，各国均已意识到无人机的应用潜力和前景以及其对经济增长的拉动作用。目前，市场与技术已成为低空经济的"动力源"。低空经济经过消费市场的培育后，加速向各类行业市场拓展。政策与监管是低空经济发展的"助推器"，通过开放空域提升民用市场活跃度，低空经济有望成为经济发展的新引擎。

7.2.1 市场驱动

随着无人机不断融入传统产业的重要生产运行环节，其将表现出效率提高、成本降低、风险降低等优势。低空经济在民用领域除了带动无人机设备市场价值增加，作为新型基础设施的重要部分，也在反哺传统产业全面发展。未来，随着5G/6G、AI等技术的发展，低空经济将为各行业带来新的发展动力。

从趋势来看，2030年全球无人机市场规模将达7000亿～10000亿元人民币（约1000亿～1400亿美元），其中我国市场预计占比50%。摩根士丹利预测，2040年全球UAM产值可达7万亿元人民币（约1万亿美元），到2050年可达64万亿元人民币（约9万亿美元）。其中，行业应用是无人机市场最大的板块，占比将高达52%。

7.2.2 技术驱动

低空经济的健康发展，离不开科技的创新驱动。近年来，随着无人机技术的迅猛发展，无人机数目急剧增加，无人机任务也日益复杂。一部分无人机逐渐难以满足作业需求，无人机集群技术应运而生。同时，低空信息网络技术的长足进步、网联无人机产业的发展，也为无人机集群管理和低空经济发展提供了坚实的基础。

一是超高可靠低时延通信技术为无人机集群控制提供基础通信保障。 超高可靠低时延通信技术可以满足低空无人机接收飞行控制信令、上报航空数据，以及机间通信的基本需求，为进一步实现无人机集群的精准控制提供基础保障。

二是基于终端和无线接入网络的通信感知一体化技术健全无人机监管手段，赋能产业发展。 通信感知一体化技术可以在满足低空无人机通信需求的同时，实现对低空无人机的感知；同时，借助移动通信网络的组网能力，能够迅速扩大低空信息网络的服务范围，甚至实现关键低空领域的无缝覆盖。

三是低空航空平台为无人机统一管理提供新契机。 该平台与低空信息网络相结合，提供气象处理、空域处理、情报处理、飞行计划处理、监视信息处理和综合计算等服务，能够达到无人机可视化、可调度、可监控的管理目标。

四是人工智能技术与算力的发展丰富了低空无人机的检测、跟踪能力。 人工智能技术进一步赋予了低空信息网络分辨不同类别目标的能力，可以第一时间发现"乱飞""黑飞"等不合理、不合法的行为，优化无人机防撞系统能力和低空航空平台设计，从而为低空无人机提供高效、安全、可控的飞行管理与控制方案，为低空无人机筑牢安全飞行的底座。

7.2.3 监管驱动

随着低空经济的进一步发展和规模的持续扩大，飞行风险将不断上升。无人机运行风险主要分为撞击位于地面的第三方、碰撞处于空中的第三方、碰撞关键设施3种类型。此外，无人机在飞行过程中还可能涉及隐私泄露、数据窃取、网络劫持等方面的风险。面对无人机运行过程中的多样化风险，逐渐加强无人机监管力度已成为规范低空经济发展的主要趋势之一。

国际组织及各国对无人机领域都采用适航管理与运行风险相结合的监管思路，健全监管体系、研发飞行管控平台，多措并举推动行业规范发展。无人系统规则制定联合体（Joint Authorities for Rulemaking on Unmanned System，JARUS）将无人机运行分为开放类、特定类和审定类进行管理，并明确采用特定运行风险评估（Specific Operations Risk Assessment，SORA）方法对无人机运行进行评估和监管。EASA 根据无人机的运行风险进行分类注册监管，对不同级别的无人机重量、飞行授权、驾驶员资格等做出规定，并推出 U-Space 数字化服务、监管平台。FAA 针对运行用途将无人机进行分类管理，发布管制空域、适航审定规则等，规范无人机飞行管理，同时通过法案授权对无人机采取行动检测、识别、监控等手段以减轻无人机给某些设施或资产带来的风险。

2023 年,《无人驾驶航空器飞行管理暂行条例》对无人机生产制造、管控空域、驾驶资质、监管信息平台、飞行计划申请等内容做出规定。日本、澳大利亚等国家也针对无人机监管做出相关规定和指引。国际组织及各国监管逐渐从概念框架向规范细则演进，关注无人机安全问题，建立无人机制造、注册、运行全周期监管体系，均需要数字化的监管平台或手段支持，推动行业迈入更安全、有序、规范、完善的新发展阶段。

挑战与对策

第 八 章

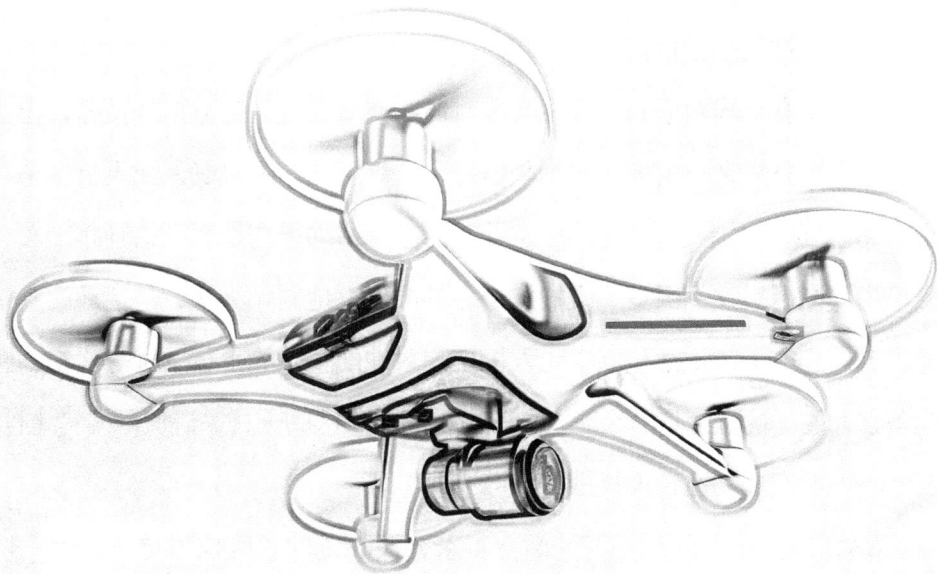

8.1 主要挑战

随着科技的进步和经济的发展，低空经济作为新兴产业，其重要性日益凸显。然而，在低空经济基础设施发展的进程中，多项技术挑战接踵而至。

（1）空地立体广域覆盖挑战

当前，移动通信网络主要服务于地面用户，其网络部署和组网形式以覆盖地面用户为主，无法有效实现立体空间的广域连续覆盖，低空覆盖存在碎片化情况。由于 AAU 垂直覆盖有一定的局限性，且 AAU 的倾角上仰受限，导致塔顶的覆盖可能弱于其他区域，因此塔顶区域的覆盖可能需要邻站对本站塔顶进行覆盖。如果对空站点周边有高楼等建筑物遮挡也可能会导致存在覆盖弱的区域。

（2）空地网络干扰挑战

尽管现有无线网络通过天线旁瓣对低空空域实现了部分信号覆盖，但受限于天线旁瓣众多且复杂、信噪比波动和信号盲区等问题，难以确保无人机在整个飞行过程中的连续服务和飞行操控的稳定性。低空网络如果与地面网络同频部署，空中无人机用户则会接收到很多邻区的信号，易产生空地同频干扰，包括地面基站对低空无人机用户的下行干扰和低空无人机用户对地面基站的上行干扰等。空地网络需要具备强大的干扰检测与消除能力，以有效消除小区间干扰，确保网络稳定性。

（3）低空移动性管理挑战

AAU 对空覆盖区域相对地面更复杂，接收到的邻区信号更多，因此切换次数也随之增加。低空目标移动速度较快，需要研究相应的切换等移动性管理策略，使网络能够快速响应，避免通信中断和时延，确保高质量的服务体验。

（4）空口资源分配挑战

频谱资源十分宝贵，为了在有限的空口资源下实现空地网络，亟须优化空口使用策略，合理分配资源，同时满足地面与低空网络的需求。

（5）低空应用大带宽与低时延通信挑战

低空应用具有大上行速率的数据传输需求。无人机传输的视频、图像和传感器数据量大，需要大带宽支持。许多应用场景（例如实时监控、远程操控）对时延要求严格，需要确保数据传输的低时延。

（6）网络优化挑战

构建空地一体低空网络涉及对地面小区与低空小区的综合布局与协调管理，这一复杂系统要求在对各类小区进行独立配置、管理和优化的同时，还应满足不断变化的通信需求并确保网络整体的鲁棒性。

（7）跨平台协同挑战

低空飞行监控涉及地面监控站、卫星系统、通信网络等多个平台和系统，实现它们之间的无缝衔接与高效协同，需要开发能够确保飞行监控连贯性和准确性的综合管理系统。

（8）网络安全与隐私保护

低空网络面临着网络安全和隐私保护的挑战。无人机在传输数据时，存在受到恶意攻击或数据泄露的风险。同时，无人机在飞行过程中可能会捕捉到敏感信息，如何保护敏感信息不被非法获取和滥用，是低空网络需要解决的关键问题。

（9）卫星协同通信

卫星协同通信相比地面通信有更高的信号传输时延，这对于需要实时响应的低空飞行器来说可能是一个限制因素，同时卫星通信频段可能与地面及其他空间业务频段发生冲突，导致频谱资源紧张。目前，GEO 卫星由于技术限制在两极存在覆盖盲区，在高纬度地区覆盖不佳，而低地球轨道（Low Earth Orbit，LEO）卫星虽然可以解决两极盲点的问题，但需要复杂的卫星切换和管理系统，建设和维护成本较高，卫星协同的系统设计和管理也较为复杂。

（10）低空航道规划

在低空经济基础设施建设中，航道规划是一个至关重要的环节，它直接影响低空飞行的安全性、效率和可行性。有效的航道规划不仅需要考虑地形、建筑物、空中交通等因素，还需要与现有的航空管理体系和新兴的低空服务需求相适应。随着城市空中出行和无人机配送等服务的兴起，如何整合这些新兴服务与传统航空交通成为一大挑战。同时低空飞行更易受到气象条件的影响，风速、风向、能见度等都需要在航道规划时加以考虑，从而确保航道的稳定性和可预测性。

8.2 主要趋势

（1）进一步完善基础设施建设

随着低空经济的快速发展，对基础设施的需求将不断增长。未来，低空经济数字基础设施的建设将更加完善，包括低空飞行起降站、接驳设施、能源站、紧急备降、停机设施等"硬基建"的全面建设。同时，数字化空域建设、空中保障服务和地面保障服务等"软基建"也将得到加强，可通过数字化、智能化技术提升低空经济的运营效率和服务质量。

（2）提升数字化、智能化水平

随着5G、云计算、大数据、人工智能等新一代信息技术的不断发展，低空经济数字基础设施的数字化、智能化水平将得到显著提升。通过建设数字低空底座，整合三维地理信息、城市信息模型（City Information Modeling，CIM）、低空飞行空域等数据，为低空管理服务体系提供数字化基础支撑。数字化、智能化技术将广泛应用于低空飞行器的导航、监控、管理等方面，提升低空飞行的安全性和效率。随着技术的不断进步和创新，低空经济领域将出现更多的新技术、新产品和新服务。例如，无人机技术、低空飞行技术、低空通信技术等都将得到进一步的发展和应用。同时，低空经济领域也将出现更多的创新应用，例如无人机物流、低空观光旅行、航空摄影服务等。

（3）加强低空空管系统建设

低空空管系统是低空经济安全、高效运行的关键，可提升对低空飞行活动的监管能力和服务水平。应通过建立健全低空数据管理制度和标准，完善对接规则，加强低空数据生产、传输、存储、处理和使用的全流程安全管理，为低空经济的发展提供有力保障。

（4）推动低空商业化发展

低空经济数字基础设施规划将更加注重推动低空商业化发展。通过建设完善的低空基础设施，提供精准、高效的通信和感知服务，为无人机配送与物流、城市无人机应用、消费级无人机应用、工业级无人机应用等行业提供有力支撑。

8.3 对策与建议

针对低空经济数字基础设施发展面临的相关挑战，有以下对策与建议。

（1）空地立体广域覆盖挑战的解决对策

优化站点布局与天线配置，通过精确的无线电波传播模拟和实地测量，优化地面基站和低空平台的站点布局。采用具有高增益和可调倾角的定向天线，增强对低空区域的垂直覆盖能力。**利用高空平台电信系统（High-Attitude Platform Station，HAPS）**，部署高空气球或无人机等高空平台，作为中继节点，提供灵活的覆盖能力，尤其适用于地形复杂或临时需要的低空覆盖场景。**小区个性化配置**，针对不同低空飞行区域的特殊需求，进行小区个性化配置，例如调整功率控制、分配专用频道等，以提升服务质量和频谱效率。

（2）空地网络干扰挑战的解决对策

增强干扰管理技术，采用先进的干扰检测与管理技术，例如干扰抵消、动态频谱共享等，减轻空地之间的同频干扰。同时，利用智能天线技术，例如波束赋形，对准目标用户，减少对其他用户的干扰。**使用不同频段或划分专有频段**，为低空通信划分独立的频段，或采用不同的频段进行地面与低空通信，从根本上避免频段冲突和干扰问题。

（3）低空移动性管理挑战的解决对策

高效的切换算法，开发基于速度和方位预测的切换算法，预判低空平台的移动趋势，实现快速准确的切换决策，减少通信中断时间。**引入多连接技术**，允许低空平台同时连接到多个基站，通过多连接技术实现业务的无缝切换和负载均衡，提高移动性管理的灵活性和可靠性。

（4）空口资源分配挑战的解决对策

动态资源调度，采用基于业务需求的动态资源调度方案，根据实时流量和优先级动态分配频谱资源，有效提高资源利用率和网络容量。**探索新的多址技术**，研究并应用新型多址技术，例如非正交多址接入（Non-Orthogonal Multiple Access，NOMA），在同一频段内同时服务多个用户，提升系统吞吐量和接入容量。

（5）低空应用大带宽与低时延通信挑战的解决对策

优化数据传输技术，采用更高效的信号编码和调制技术，例如高阶正交幅度调制（Quadrature Amplitude Modulation，QAM），以及通过压缩算法减少传输数据量，提高数据传输速率，降低时延。**边缘计算应用**，在网络边缘靠近用户端部署服务器和计算资源，进行数据的本地处理和分析，减少核心网络的数据传输，从而降低时延，满足实时性要求。

（6）网络优化挑战的解决对策

实施智能化网络管理，运用人工智能和机器学习技术，对网络状态进行实时监控和分析，自动调整网络配置和参数，实现自我优化和自愈功能，提高网络的整体性和鲁棒性。**精细化网络规划**，结合地理信息系统（Geographic Information System，GIS）提供的数据和实际用户分布，进行精细化的网络规划和设计，确保覆盖均匀且高效，避免过度投资和资源浪费。

（7）跨平台协同挑战的解决对策

统一接口与协议标准，制定统一的接口和协议标准，确保不同平台和系统之间能够无缝连接和交互信息，简化系统集成的复杂度。**构建集中化控制中心**，建立集中化控制中心，负责协调各个平台和系统的运行，进行跨平台的数据分析和决策支持，实现高效的协同工作。

（8）网络安全与隐私保护挑战的解决对策

强化加密措施，对所有传输数据采用强加密算法进行加密，保护数据传输的安全性和隐私性。**完善身份认证机制**，实施严格的身份认证和访问控制策略，确保只有授权用户才能访问和操作敏感信息，防止未授权访问和数据泄露。**定期开展安全审计与测试**，通过定期开展网络安全审计和渗透测试，及时发现并修复潜在的安全漏洞，提高系统的安全性能。

（9）卫星协同通信挑战的解决对策

增强地面系统与卫星系统的融合，发展地面－卫星一体化网络，通过安装地面中继站或使用 HAPS 传输技术来增强卫星信号，解决覆盖问题。**优化卫星导航**

系统，利用多模导航技术，结合 GPS、GLONASS[1]、北斗等多个卫星导航系统，提高导航精度和可靠性。**降低通信时延**，对于时延要求高的应用，尽可能利用 LEO 提供的低时延通信服务。**成本控制与技术革新**，通过规模化发射和小卫星技术，降低单星成本，并提高发射频率和灵活性。

（10）低空航道规划挑战的解决对策

利用高精度地形数据，使用高精度地形测量技术，例如激光雷达扫描技术，获取详细的地面障碍物数据，为航道设计提供准确依据。**实施综合空中交通管理系统**，通过开发和应用先进的空中交通管理系统，实现有人机和无人机系统的实时监控与管理，确保航道的安全分隔和高效运行。**设计应急规避方案**，为每一个航道设计应急预案，包括备选飞行路径、紧急着陆点等，以应对突发事件或不可预见的飞行风险。**提升公众参与和意识**，通过公众教育和参与，提高社会对低空飞行安全的认识，同时获得社会对新航道规划的支持和理解。

1　GLONASS：Global Navigation Satellite System，全球卫星导航系统，是俄罗斯研制的卫星导航系统。

结论与展望

第 九 章

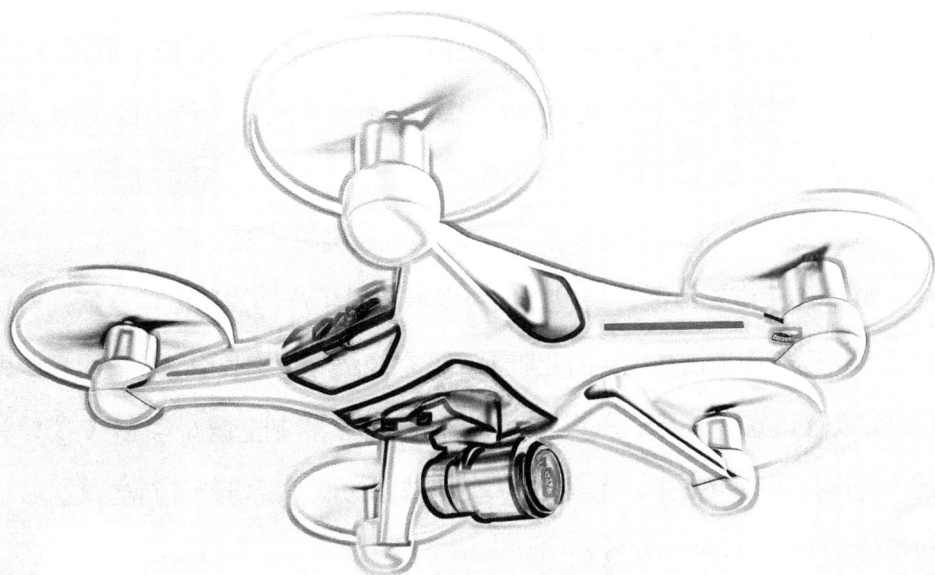

9.1 主要结论

（1）低空经济布局推进迅速，未来市场空间广阔

作为一种新型的经济形态，低空经济产业政策推进迅速，自2021年年初发展低空经济首次被纳入国家级规划以来，我国低空经济进入快速发展阶段。2024年3月，低空经济首次被写入政府工作报告。2022年，我国低空经济产业规模为2.5万亿元；到2035年，我国低空经济产业规模预计达6万亿元。

（2）低空经济处于产业萌芽期，应重视产业规划

低空经济正处于产业萌芽的关键时期，其产业上下游需求潜力巨大，应用前景广阔，应明确产业规划和数字基础设施规划的重要性，通过科学、系统的规划，明确低空经济的发展方向，优化资源配置，促进产业链的健康发展。同时，加强数字基础设施规划，不仅能为低空飞行器提供稳定、高效的信息支撑，还能推动低空经济向数字化、智能化转型。此外，还应积极推进试点示范工作，通过实践探索低空经济的可行路径和有效商业模式，为产业的全面发展奠定坚实基础。

（3）低空空域管理将逐步放开，W类空域资源开发先行

2024年政府工作报告提出，加快发展新质生产力，积极培育新兴产业和未来产业，积极打造生物制造、商业航天、低空经济等新增长引擎，同时，中国民用航空局发布《国家空域基础分类方法》，新增划设非管制空域G类和W类，为低空经济的发展提供政策支撑，尤其是W类空域作为低空经济的先行先试空域，将迎来政策层面的较大扶持和发展。

（4）5G-A赋能低空经济，通信感知一体化能力提供信息保障

低空智能将融合"四张网"，包括设施网、空联网、航路网和服务网。其中，

空联网指通信、导航和感知等信息基础设施，是将低空数字化成可计算空域的关键。目前，通过布设 5G-A 通信感知一体化网络，调整天馈线工程参数，增加专属设备等方式快速实现空域 1000 米以下网络覆盖，更高区域仍需要综合多类技术来满足。

9.2 未来展望

9.2.1 研究展望

（1）技术创新与研发无人机技术

随着 AI、芯片、5G/6G、云计算等技术的不断进步，低空经济领域内的技术将加速创新。这些技术将广泛应用于无人机、通用航空等多种航空器的研发、生产、运营等环节，提升低空经济的整体效率和服务质量。随着无人机技术的快速发展，未来的研究将更加注重无人机在自主导航、智能感知、远程操控等方面的技术创新，以及提升无人机在复杂环境下的稳定性和可靠性。

eVTOL。针对 UAM 的需求，未来的研究将集中在 eVTOL 的设计优化、能源效率提升、安全性保障等方面，推动其在城市短途出行中的应用。

氢能源技术。随着环保要求的提高，未来的研究将探索氢能源在低空飞行器中的应用，包括氢能存储、燃料电池技术等，以实现更环保、更高效的低空飞行。

低空通信与导航系统。未来的研究将致力于利用 5G/6G 通信技术提升低空飞行的通信质量和数据传输速率，为低空飞行提供稳定、高效的通信支持。

高精度导航系统。为满足低空飞行的精准导航需求，未来的研究将探索基于卫星导航、地面基站等多种手段的高精度导航系统，提升低空飞行的安全性和准确性。

（2）低空管理与监管

低空空域管理。随着低空飞行活动的增加，未来的研究将关注如何优化低空空域管理，包括空域规划、航线设计、飞行许可等方面，以实现低空飞行的有序进行。

安全监管技术。未来的研究将探索利用人工智能、大数据等技术手段提升低空飞行的安全监管水平，包括飞行监控、风险评估、应急响应等方面。

（3）低空经济产业链研究

装备制造研究将关注低空经济产业链上游的装备制造环节，包括航空器制造、零部件生产等方面，推动产业链的协同发展。服务与应用研究将拓展低空经济的应用领域，包括物流运输、公共服务、旅游观光等方面，探索低空经济的商业模式和服务模式。

（4）法规与政策研究

关注低空经济的政策制定和评估工作，将为政府决策提供科学依据。根据低空经济的发展情况，及时完善和修订相关法规，将为低空经济的健康发展提供法律保障。

9.2.2 实践展望

无人机技术应用持续突破。无人机将在物流、农业、航拍等多个领域实现更广泛的应用，特别是在"最后一公里"配送和偏远地区作业方面，无人机的效率和成本优势将更加显著。

eVTOL 商业化。随着技术的成熟和市场接受度的提高，eVTOL 作为新型飞行器，将在 UAM 中发挥重要作用，从而提供高效、便捷的城市短途出行方案。

智能化和自动化水平提升。通过引入人工智能、大数据等先进技术，低空经济的智能化和自动化水平包括（无人机的自主飞行、智能避障、智能调度，以及低空交通管理系统等）将得到显著提升。

基础设施建设加速。随着低空经济的发展，对基础设施的需求将不断增长。未来，低空经济基础设施的建设（包括通用机场、接驳设施、能源站等）将加速，为低空经济的持续发展提供有力保障。

产业链上下游融合。低空经济产业链上下游将实现更紧密的融合，形成完整的产业生态系统。在上游，航材、零部件等制造业将得到快速发展；在下游，低空飞行服务、数据服务等服务业将逐渐壮大。

UAM 兴起。随着 eVTOL 等新型飞行器的商业化，城市空中交通将逐渐兴起。未来，人们可以通过 UAM 实现城市内部的快速出行，从而缓解城市交通拥堵问题。

公共服务领域应用增加。低空飞行在公共服务领域（包括城市安全、环境保护、国土测绘、城市消防等）的应用将逐渐增加。通过引入低空飞行技术，可以提高公共服务的效率和质量。

个人消费领域拓展。随着技术的成熟和市场的普及，低空飞行也将拓展至个人消费领域，例如旅游观光、空中拍摄等，成为人们日常生活中的一部分。

参考文献

[1] 王家乐.无线通信感知一体化波形的关键技术研究 [D].浙江大学工商大学，2023.

[2] 张莹莹，李爽.NTN 非地面网络技术发展综述 [J].广播与电视技术，2023，50（12）：33-36.

[3] 李源，张雨露，丁郁，等.无源物联网通信研究进展与演进思考 [J].物联网学报，2023,7（3）：15-23.

[4] 3GPP, Technical Specification Group Services and System Aspects；Stage 2 (Release 16) [S]. TS 23.501 V16.1.0. 3rd Generation Partnership Project.

[5] 李沸乐，杨文聪.5G-A 通感融合网络架构及演进研究 [J].邮电设计技术，2023（5）：33-28.

[6] 李源，张雨露，丁郁，等.无源物联网通信研究进展与演进思考 [J].物联网学报，2023，7（3）：15-23.

[7] 梁雪梅，白冰，方晓农，等.5G 网络全专业规划设计宝典 [M].北京：人民邮电出版社，2020.